O
PÚCARO
BÚLGARO

ILUSTRAÇÃO: Uendell Rocha

CAMPOS DE CARVALHO

O PÚCARO BÚLGARO

3ª EDIÇÃO

autêntica

Copyright © Herdeiras de Campos de Carvalho

Todos os direitos reservados pela Autêntica Editora Ltda. Nenhuma parte desta publicação poderá ser reproduzida, seja por meios mecânicos, eletrônicos, seja via cópia xerográfica, sem a autorização prévia da Editora.

EDITORA RESPONSÁVEL
Maria Amélia Mello

PROJETO GRÁFICO
Diogo Droschi

EDITORA ASSISTENTE
Rafaela Lamas

DIAGRAMAÇÃO
Waldênia Alvarenga

REVISÃO
Julia Sousa

Dados Internacionais de Catalogação na Publicação (CIP)
(Câmara Brasileira do Livro, SP, Brasil)

Carvalho, Campos de, 1916-1998
 O púcaro búlgaro / Campos de Carvalho. -- 3. ed. -- Belo Horizonte : Autêntica, 2022.

 ISBN 978-85-513-0798-4

 1. Ficção brasileira I. Título.

21-87224   CDD-B869.3

Índices para catálogo sistemático:
1. Ficção : Literatura brasileira B869.3

Maria Alice Ferreira - Bibliotecária - CRB-8/7964

Belo Horizonte
Rua Carlos Turner, 420
Silveira . 31140-520
Belo Horizonte . MG
Tel.: (55 31) 3465 4500

São Paulo
Av. Paulista, 2.073 . Conjunto Nacional
Horsa I . Sala 309 . Cerqueira César
01311-940 São Paulo . SP
Tel.: (55 11) 3034 4468

www.grupoautentica.com.br
SAC: atendimentoleitor@grupoautentica.com.br

7 O PÚCARO BÚLGARO

107 SOBRE O AUTOR

*Puisque l'impossible accèd à
la catégorie du vrai, le vrai à son
tour peut accéder à la categorie
de l'impossible.*

Henri Agel

Explicação necessária

Se a Bulgária existe, então a cidade de Sófia terá que fatalmente existir. Este o único ponto no qual parecem assentir os que negam e os que defendem intransigentemente a existência daquele amorável país, desde os tempos antediluvianos até os dias pré-diluvianos de hoje. Neste livro não se pretende firmar nenhuma verdade definitiva sobre essa imortal controvérsia, em que pese ao número crescente de pseudoviajantes e outros aventureiros que, munidos de documentos irrefutáveis, provam ou tentam provar a cada passo o seu respeitável ponto de vista – escudados muitas vezes no prestígio de assembleias ou conferências as mais internacionais. O autor pessoalmente, e é o que se verá, já teve oportunidade de conhecer e mesmo de entabular conversação com mais de um relutante búlgaro, e até mesmo com uma búlgara, todos de uma reputação acima de ilibada e merecedores da maior estima e simpatia: mas como também já viu de perto alguns fantasmas e até o próprio Diabo, reserva-se o direito de só opinar definitivamente sobre o assunto depois que outros mais abalizados ou afortunados o tenham feito, à luz das novas ciências ou das que porventura ainda estejam por surgir.

Aqui o que se procura é apenas relatar, com o máximo de fidelidade, a experiência pessoal que – quase a contragosto e com o espírito sempre o mais elevado – teve o autor a oportunidade de empreender em torno dessa mirífica e cada vez mais nebulosa disputa geográfica: ou, para dizer com mais exatidão, em torno desse *espanto geonomástico*, como tão bem o definiu um famoso historiador búlgaro. Se bem ou malsucedida essa experiência, face aos pouco prováveis resultados que dela possam advir para o progresso da Astrofísica ou da Astrologia, este já é um assunto que por sua natureza escapa aos limites da presente obra, embora sejam eles tão evanescentes e imaginários quanto os do próprio reino da Bulgária.

Entende o autor, apenas, que muito mais importante do que ir à Lua é ir ou pelo menos tentar ir à Bulgária – ou, quando menos, descobri-la.

Os prolegômenos

No verão de 1958 o autor visitava tranquilamente o Museu Histórico e Geográfico de Filadélfia quando, ao voltar-se um pouco para a direita, avistou de repente um púcaro búlgaro. A impressão causada pelo estranho acontecimento foi tamanha que no dia seguinte ele embarcava de volta no primeiro avião, deixando a mulher no hotel sem dinheiro ao menos para pagar as despesas. Não falou o autor sobre o caso com ninguém, nem mesmo na ação de desquite que lhe moveram a mulher e todos os seus parentes consanguíneos ou colaterais, até que ano e meio mais tarde resolveu escrever ao próprio diretor do Museu indagando, após muitos circunlóquios, se na sala x à direta, e à luz do meio-dia, podia inequivocamente ser visto um – e disse o nome. A resposta veio pronta e sem evasivas:

Prezado Senhor.

Respondendo a sua insólita e despropositada carta de 18 do corrente, venho informar que, após minuciosa diligência efetuada por pessoal altamente técnico e de reputação acima de qualquer suspeita, chegou-se à constatação de que na sala 304-B (ala direita) deste Museu existe, sem a menor sombra de dúvida, um precioso exemplar de PÚCARO BÚLGARO, provavelmente do início do século 13 a.C. – sob a dinastia Lovtschajik.

Atenciosamente.

Isso veio decidir, de uma vez por todas, sobre o destino do autor.

Como toda gente, também ele sempre ouvira falar, desde a mais tenra infância, sobre púcaros e sobre búlgaros – mas sempre achando que se tratava apenas de um jogo de palavras ou, na melhor das hipóteses, de personagens de contos de fadas, tão reais quanto as aventuras do barão de Münchhausen. Nunca lhe passara pela cabeça que, numa esquina qualquer do mundo, de repente lhe pudesse aparecer pela frente um búlgaro segurando um púcaro, ou então um púcaro com um búlgaro dentro, ou ainda e muito menos um púcaro simplesmente búlgaro – com data, etiqueta e tudo, e sob a proteção da bandeira dos Estados Unidos da América. Afeito a indagações altamente filosóficas, sem falar das metafísicas e das metapsíquicas, além das que vêm de Nostradamus e de outros planetas – dispôs-se o autor a, passado o primeiro instante de surpresa que durou exatamente dezoito meses, vir a campo e aceitar o desafio que acintosamente lhe atirava a poderosa máquina de propaganda ianque, armando-se se preciso fosse até os dentes, sobretudo os caninos, em defesa de seus princípios e consequentemente de seus fins.

Outros dezoito meses levou o autor nessa luta desigual com o imperialismo norte-americano, ele e mais ninguém – que todos se recusavam cinicamente a discutir sequer de longe o assunto, pretextando a hora do chá ou outros afazeres semelhantes sempre que se aventava a hipótese de os céus de Filadélfia estarem acobertando uma deslavada impostura. Em vão se tentou chamar à realidade os espíritos mais pragmáticos, para os quais a Wall Street e o Vaticano sempre se constituíram na última palavra, esquecidos eles de que as últimas palavras sempre foram as dos mortos, dos que já morreram há milênios e ainda estão se putrefazendo de pé, como as múmias e as ruínas ditas clássicas – como se também isso fosse possível, uma coisa ser clássica e ruína ao mesmo tempo.

Nada tinha como nada tem o autor, evidentemente, contra nenhum búlgaro em carne e osso, desde que ele se dispusesse a exibir a sua carne e os seus ossos a quem os quisesse ver, como terá que fatalmente exibi-los no Dia do Juízo. Nada tem igualmente contra os púcaros na sua simples condição de púcaros, uma vez que não se metam a búlgaros e saiam para a praça pública a gritar – SOU UM PÚCARO BÚLGARO, SOU UM PÚCARO BÚLGARO – sem que se possa examiná-los de perto e mesmo tocá-los com os dedos, como acontece nos museus. Nos dicionários eles lá estão, um e outro, com os seus verbetes – mas isso é fácil, Deus também lá está –: queria é vê-los o autor aqui fora, resplandecentes de luz solar e não de luz elétrica ou gás neon, e sem os canhões de Tio Sam para lhes garantir a pucaricidade ou a bulgaricidade.

O autor tentou honestamente imaginar-se um púcaro ou um búlgaro e não conseguiu, e ainda menos um púcaro búlgaro ou um búlgaro com púcaros na mão, na cabeça ou debaixo das axilas. Imaginou-se sem dificuldade um cavalo ou um guarda-chuva, e até mesmo um cavalo com um guarda-chuva – chegando ao extremo de imaginar-se um dia o próprio Museu Histórico e Geográfico de Filadélfia, mas sem púcaro búlgaro dentro. Essa experiência, também ela, lhe foi decisiva.

E como o que existe, ou dizem existir, é o reino dos Búlgaros e não o reino dos Púcaros, entendeu o autor que o mais prudente seria organizar uma expedição que fosse logo à procura daquele e não deste – o que fez ou se pôs a fazer no verão de 1961, exatamente três anos após aquele infausto acontecimento que lhe valeu quando menos a liberdade de dormir sozinho, embora não dormindo.

Do que se passou e sobretudo do que não se passou nessa expedição já famosa é o relato que se vai ler em seguida, o mais pormenorizado e o mais honesto possível, embora tenha sido reduzido ao mínimo para que pudesse caber num só volume e mesmo num só século – o que afinal se conseguiu.

Explicação desnecessária

Este espantoso documento já estava para ser entregue a seu afortunado editor quando uma comissão de búlgaros, berberes, aramaicos e outros levantinos, todos encapuzados, procurou certa noite o autor e ofereceu-lhe dez milhões de dracmas para que não o publicasse – pelo menos até o começo do século XXI, quando certamente o mundo já não terá mais sentido.

O autor, profundamente sensibilizado ante as ponderações de ordem moral e outras que lhe eram apresentadas, pediu um pequeno prazo para deliberar sobre o assunto, não sem antes ter tido o cuidado de verificar dentro do capuz que se dizia búlgaro se havia mesmo algum búlgaro dentro. O que havia.[1]

---

[1] Não deixa de causar espécie afirmativa tão leviana por parte do Autor. Se realmente havia o tal búlgaro dentro, cumpria-lhe como cientista tomar todas as providências cabíveis no sentido de bem documentar o fenômeno, e nunca vir a público e declarar simplesmente "Havia" ou "Não havia". A menos, naturalmente, que tenha ele a intenção de algum dia ainda escrever um tratado búlgaro provando a inexistência dos demais países, movido pelas tais razões morais e outras a que tão sub-repticiamente se refere. (*Nota do afortunado Editor.*)

Quando enfim, após toda uma noite a debater com a sua consciência sobre os problemas do bem e do mal, da verdade e da inverdade, o autor voltou correndo ao local combinado para entregar sua resposta – teve o desprazer de constatar que lá não havia nenhum búlgaro ou aramaico à sua espera, como também não havia nenhum berbere ou outro levantino de qualquer espécie, nada se sabendo igualmente sobre a recente vinda de qualquer nave espacial à Terra, com búlgaros de capuz ou sem capuz, com púcaros ou sem púcaros. Do que lhe foi fácil chegar à conclusão, até nova ordem pelo menos, de que o tal mito búlgaro continua a ser cada vez mais e apenas um mito, e de que os afamados púcaros búlgaros, hoje fabricados em série, podem servir para tudo neste mundo menos para carregar dez milhões de dracmas.

E como a Verdade paira acima de quaisquer verdades, sejam elas quais forem, como se ensina até nas escolas primárias, aqui ficam definitivamente entregues à posteridade – precária e efêmera, pouco importa – estas páginas escritas com sangue e com suor, e agora também com raiva, para que sobre elas se debrucem os historiadores e os contadores de histórias de todos os tempos, os poetas e os adivinhos, e todos quantos se interessem por outra coisa que não seja o seu próprio interesse, como é o caso edificante do autor.

IN MEMORIAM

Este livro é dedicado à memória daqueles que, em todos os tempos e sob as condições mais adversas, tentaram ou conseguiram heroicamente atingir as regiões mais inatingíveis deste ou de qualquer outro planeta, de modo a possibilitar se tornassem conhecidos, ou quase, nomes e expressões tais como: Atlântida, Império do Preste João, Ciméria, Esquéria, Grippia, Ciclópia, Bulgária, Cochinchina, Patagônia, Eldorado, Utopia, Iêmen, Bramaputra, Micronésia e Melanésia, ilhas Antípodas e Galápagos, Terra Australis, embocaduras do Fellatio e do Cunnilinctus, mar Cáspio, mar Jônio, Império do Grande Cã, Brasília, Boston, Continente Perdido do Mu, União Sul-Africana, lago Titicaca, Alabama, Texas, Arkansas, Mississípi, montes Urais e outros.

Livro de Horas e Desoras

OU

DIÁRIO DA FAMOSA EXPEDIÇÃO "TOHU-BOHU"
AO FABULOSO REINO DA

Bulgária

(MCMLXI – ...)

COM O QUE SE PASSOU OU NÃO SE PASSOU
DE IMPORTANTE NESSE, COM PERDÃO
DA PALAVRA, INTERREGNO

Outubro, 31

O vento fustiga as velas, corre-me pela nuca e pelos cabelos, e volta para o mar alto.

Aqui em cima, no alto da Gávea, as estrelas cintilam mais perto: houvesse lua e eu talvez nela pudesse banhar as mãos de luz, no seu bacio de cristal – não como Pilatos mas como um cirurgião que se apresta para um parto difícil, o mais difícil da história, arrancando das entranhas do Desconhecido todo um mito e a sua verdade, séculos e séculos de mal-assombrados e equívocos.

Estou lírico como um teatro de ópera, e é bom que assim seja, que assim esteja, nesta noite tão rica em presságios, tão próxima do abismo dos céus e dos abismos do mar. Colombo devia sentir o mesmo quando pela vez primeira arremeteu contra as Índias e foi descoberto por indígenas a que chamou de índios e índios continuaram até hoje; e Marco Polo com suas verdadeiras patranhas, suas patranhas verdadeiras, ao descobrir que para ter vivido vinte anos no país dos tártaros teria que pelo menos ter atravessado um dia o país dos búlgaros, e se pôs então a escrever ou a ditar o *Livro das maravilhas*; e Amundsen ao conquistar a duras penas o polo Sul para nele depositar uma carta dirigida ao rei da Noruega, quando lhe seria muito mais fácil metê-la logo no correio ou entregá-la pessoalmente; e ainda e finalmente o primeiro homem a pisar e a mijar na Lua, ou o primeiro selenita a mijar e a pisar na Terra, deslumbrados um e outro com a hipótese de um dia ainda virem a mijar em outros planetas, em outras galáxias e em todo o Universo, transformando assim o espaço cósmico nesse sonho de todos que é um mijadouro universal.

Mas vejo que me perco em divagações que só interessam aos cursos de História e não ao curso da História, e esta é e tem que ser para mim uma hora de definições (*a hipotenusa é o lado oposto ao ângulo reto, no triângulo retângulo*) e de pulso forte – embora eu esteja no momento com a pressão baixa e mal tenha conseguido outro dia dizer 32 e meio ao meu médico.

Mesmo essa sereia que agora escuto no fundo da noite, e que aos poucos se vai aproximando ou vem se aproximando como se viesse buscar um morto aos meus pés, já não me fascina como antes e antes me põe assim alerta como um pedestre qualquer, um pedestre nas alturas com as suas velas frágeis mas ainda resistindo a todos os ventos, em meio à escuridão que o espreita lá fora sob o céu azul e coalhado de estrelas.

Nem sequer me dou ao trabalho de ir à janela e ver a que porta de edifício parou o monstrengo, e com ele o seu alarma e talvez o coração do morto.

Outubro, 32

O racionamento de luz obriga-me a só escrever de dia. A bruxuleante chama das velas me faz mal à vista, sem falar da estranha sensação de defunto que me assalta sempre que estou entre quatro círios, ou mesmo entre dois, ou mesmo entre um.

No alto da Gávea, não sei por que, a escuridão é mais espessa do que nos outros bairros; outro dia fui visitar Ipanema e vi que sua escuridão é quando muito uma escuridãozinha: podia-se até enxergar a cabeça do fósforo antes de riscá-la. O que faz o governo para distribuir tão mal suas escuridões é o que ninguém sabe; e o que Deus também faz, muito menos. De qualquer forma aqui estou sob esta luz solar enquanto não a racionam, procurando reunir minhas forças para a grande e misteriosa empreitada – tão misteriosa que eu mesmo me esqueço de qual seja, só sabendo que é maior do que eu e do que o resto do mundo conhecido. Esta virtude de só me lembrar do que é mais importante eu a herdei de meu pai, que não se esqueceu de me legar uma herança fabulosa e que com o tempo acabei descobrindo não ser tão fabulosa assim. Esse mesmo excelente cidadão se esqueceu de fabricar outros filhos, deixando-me nesta espécie de orfandade total e ao mesmo tempo bastante cômoda: quero-lhe um bem enorme que nunca soube demonstrar em vida. A ele e a minha mãe, aliás, que também viveu e morreu sabiamente.

Mas por que estou a rememorar estes fatos dolorosos é que não sei exatamente, quando tudo afinal já entrou nos eixos ou parecia ter entrado pelo menos. Até minha mulher voltou a coabitar com os seus parentes de origem, todos excelentíssimos segundo os envelopes, e não me deixou nenhum filho parecido com ela ou comigo – em parte devido àquelas medidas que as mulheres tomam posteriormente e que abundam nos anais especializados. Foi uma boa mulher enquanto foi boa, depois as nádegas lhe cresceram tanto que eu tinha dificuldade até de atingir a cozinha, estando elas nas imediações.

Mas isso são águas passadas e a mim me interessam as águas futuras, que me levarão aonde eu quero e que no momento não consigo recordar o que seja nem onde esteja. Sei que se trata de algo extraordinário, tão extraordinário que me escapa, e por isso e para isso exatamente aqui estou, vertendo a lama do meu pensamento até que me escorra o petróleo da sabedoria. A imagem pode não parecer muito boa, e na verdade nem poderia ser, que esta justamente é a fase da sondagem e o que procuro e ainda há de vir é o insondável. Deve ser qualquer coisa relacionada com viagens, que falei muito de Colombo e outros pândegos no que escrevi ontem à noite: já tenho assim Colombo, e só me falta o ovo. Também isso não é coisa que preste.

Sei apenas que há mais de dois anos me vem perseguindo essa ideia, e sou eu agora que a persigo. Se é realmente uma ideia tão importante, e tem que ser, ainda acabarei descobrindo-a ou ela a mim – que nisso sou bem o filho de meu pai como já disse, e tenho uma memória fabulosa para as coisas mais fabulosas. Desde que não o sejam em excesso, evidentemente.

4 de novembro

Saí para matar o tempo e matei-o.

Quando cheguei em casa o meu relógio de pulso havia parado, e numa hora que nada tinha a ver com o tempo que passei na rua.

Pelo visto, meu relógio de pulso de pulso só tem o nome – ou é o meu pulso que anda fraco, e de fato anda, e já mal dá conta de mim e dos meus problemas. De qualquer forma é um relógio cuja corda se move com o movimento do corpo, o que não o torna muito recomendável para defuntos. Mas devo estar mesmo desvairando, que até hoje não vi defunto nenhum carregando o seu relógio, talvez para que não se ponha a cronometrar a eternidade e não acabe perdendo a paciência.

Prefiro acreditar que matei o tempo simplesmente matando-o, o que representa uma façanha inédita e infelizmente sem sentido –: uma espécie assim de heroísmo sem herói, ninguém salvo nem por salvar. Em que adiantaria aos outros que o tempo, por minha culpa, se pusesse de repente sempre o mesmo, meio-dia do dia 4 de novembro por exemplo, nem um minuto mais nem um minuto menos? Ao contrário do que está acontecendo, as coisas seriam sempre as mesmas, paradas no espaço e no tempo como um filme parado, sem futuro e com um peso de passado tremendo: o próprio peso do céu acabaria por tornar-se insuportável, como uma gota d'água acaba se tornando insuportável ao supliciado, mesmo que não seja a mesma. Quem estivesse copulando, depois de vinte anos de cópula acabaria se aborrecendo um pouco, e o moribundo esse acabaria por tentar o suicídio, cansado da colher de remédio na boca e da dorzinha do lado.

Ou talvez seja isso justamente o que esteja acontecendo, o que sempre aconteceu, as mesmas coisas sempre as mesmas, apenas passando de um dia para o outro como se fossem outras. A mesma cara no espelho por exemplo, e a paisagem na janela, e os amigos que chamam ao telefone, a obrigação de fazer ou não fazer, a hora de defecar, o Deus nas alturas, os impostos, a gargalhada sempre igual, a demagogia do governo, a ameaça de guerra, a guerra, as palavras de cada dia e de todos os dias – que sei eu?, e que não sei eu? Pelo visto matei um morto, descobri a pólvora, chovi no molhado, acabarei ensinando o padre-nosso ao vigário. Não exatamente assim mas de qualquer forma assim. *Per omnia saecula saeculorum*, como dizia o outro, e o outro depois do outro, e o outro depois do outro. O *immoto continuo*.

7 de novembro

O inferno da boca.

Não perdi o mau hábito de falar mais do que devo. O mau hábito não: o mau hálito.

Tem um sujeito aqui em frente que tem o péssimo costume de me olhar de binóculo, e eu a ele, e o resultado foi que acabamos conversando a distância um com o outro – e sem abrir a boca, o que chega a ser espantoso.

Se ainda não morreu deve ter seus noventa anos no mínimo, e anda preocupado com o isolamento em que eu vivo, quase sem sair de casa. Para ele, Rosa a empregada faz parte da decoração ou do mobiliário – mal sabe que às vezes durmo com essa poltrona na cama – e sugeriu que eu ao menos arranjasse um cachorro para me fazer companhia, para me tornar mais humano ou pelo menos mais canino. Respondi que cachorro bastam os que eu já conheço, sem o rabo de fora, e discretamente bati-lhe com a janela na cara.

Outro dia o troglodita quis convencer-me de que um dos meus quadros estava de cabeça para baixo, e o pior é que nem era um quadro, era um espelho. Possivelmente me viu debruçado à janela, por trás, e concluiu que aquilo não poderia ser bunda nem coisa parecida, daí meter-se a querer fazer crítica impressionista. Vê-se que ele não deve ver bunda há muito tempo, o infeliz, e que o binóculo não o ajuda muito nas suas pesquisas, ao contrário do que acontece comigo.

Aliás, a bunda da sua neta ou tataraneta é um dos grandes melhoramentos do bairro, e se falo melhoramento é porque só se mudaram para cá há uns dois meses; antes quem morava lá era um deputado com a sua mulher, ambos sem bundas. A menina deve ter seus quatorze ou quinze anos, e não sei por que cismou que quem faz parte do mobiliário sou eu e não a Rosa – e de minha parte faço o possível para corroborar a sua teoria. Despe-se na minha frente como se fôssemos copular daí a um minuto, e põe-se a acariciar os pequenos seios como se os estivesse pondo na minha boca – eu um armário.

Sempre me preocupou e há de preocupar o sexo das adolescentes, como já houve quem se preocupasse até com o sexo dos anjos, mas por motivos outros. Os meninos ainda se defendem de uma forma ou de outra, como eu com as galinhas, mas as meninas eu faço ideia de como devem cortar um doze, quando o que menos lhes interessa é ter metade de um doze em cada mão; antes atrapalha.

Isso me lembra um incunábulo que vi certa vez na Biblioteca do Vaticano, do século XIII ou XIV se não me engano, e que trazia este título (em latim) bastante sugestivo: "NO QUE PENSAM OS ADOLESCENTES QUANDO NÃO ESTÃO PENSANDO NO SEXO". Suas quatrocentas e tantas páginas vinham em branco naturalmente, um pouco amarelecidas pelo tempo, e só no final se lia a advertência FINIS, em belas letras góticas. Propus a tradução de obra tão erudita a um editor de Florença, mas como ele não concordasse em suprimir aquele tópico final, que me parecia uma excrescência, a ideia não foi avante.[2]

Mas eu dizia, no início, sobre o inferno da boca e o seu mau hálito, e não sei por que entrou de repente na história o fóssil com o seu binóculo – e, de quebra, os seios da tataraneta, que não vejo aliás há mais de uma semana. O que eu queria dizer era que ontem cometi a tolice de dizer *E então?* a um conhecido na rua e, quando vi, o estafermo já estava a discorrer sobre o mau tempo, a propalada reforma agrária, as hemorroidas de um tio recentemente falecido, o prêmio do Sweepstake e outros assuntos correlatos, o que me tomou bem uma parte da tarde e boa parte da noite. Se houve uma verborragia no caso ela foi muito mais minha do que do outro, pois eu não tinha nada que saber se ele

---

[2] O título exato da obra, atribuída ao célebre humanista florentino Niccolo de' Niccoli, é: "Aquilo em que, 60 minutos por hora, 24 horas por dia, 30 dias por mês e 12 meses por ano pensam os adolescentes, as crianças e as criancinhas quando não estão pensando no sexo". Existem pelo menos duas traduções conhecidas, uma para o venezuelano e a outra para o volapuque, sendo esta última bastante incompleta, sem o título e a advertência final. (*Nota do Editor.*)

ia ou mesmo se estava indo, e estou cansado de saber que um simples boa tarde pode transformar qualquer tarde excelente na mais terrível das tardes, e noites, e madrugadas, como ocorre desde que foi dada a palavra ao homem ou que se lhe dê a palavra. Se o morto é tão acatado e respeitado é justamente devido ao seu espantoso silêncio, algo que escapa à compreensão de qualquer mortal e o torna, ao morto bem entendido, o menos entendido de todos os mistérios da natureza, seja ela feminina ou masculina.

E eu mesmo, aqui digressionando sobre o nada enquanto não atino com a razão deste Diário, sou bem o melhor exemplo do que digo e redigo e torno a dizer, só que no caso em vez de língua eu uso a Língua e em vez de tomar a palavra tomo as palavras, neste labirinto em que me engolfo, em que te engolfas, em que nos engolfamos, com a conivência dos lexicógrafos, dos filólogos, dos semantologistas e dos decifradores de hieróglifos de todas as procedências ou improcedências.

Ainda bem que o racionamento do sol vem aí, segundo acabam de noticiar os jornais.

Novembro, 7
Esta paisagem é o país dos meus pais.
Me interessa a dos meus netos e bisnetos.

Novembro, 10
"Rosa tem um seio menor do que o outro; este o nosso segredo.

Um dia, a que se julga a minha metade chegou e disse: *Rosa, vá pregar este crucifixo na parede* – e fui eu o crucificado. As pernas de Rosa em cima da cadeira, de repente na roseira, o sexo de Rosa florescendo no alto, inatingível, não mais no assoalho, em torno da mesa, esquentando-se no fogão sem necessidade.

Menina Rosa, eu disse, Rosinha – e nos tornamos amantes. O tal estupor com as suas nádegas tomando toda a extensão da cama: *Assim não é possível, minha filha, vou dormir no sofá*, e ia dormir na Rosa, inseto por inseto eu viro abelha: sugando o néctar dos seios de Rosa, o pequeno e o mais pequeno. De manhã eu estava esquálido, cor nenhuma, *estas malditas molas do sofá, não se tem nem jeito de mudar de lado, mas prefiro ainda isto a dormir no ar, suspenso ao lado da cama*.

O primeiro filho de Rosa, o que não houve. Um corpo como este seu não pode perder tempo com estupidezes, nem ela que é ela se deu a esse trabalho, tira-se e pronto. A imagem da mãe de Verlaine com os quatro fetos guardados nos boiões, Verlaine seria o quinto, escapou pela tangente. Dou-lhe uma boneca, dessas que fazem tudo e são tão estúpidas quanto a dona, o vendedor, o presidente da República. Mesmo que fosse possível seria impossível, criança só por equívoco, a humanidade é um equívoco.

Pus Rosa num romance que estava fazendo, era só o que prestava no romance, saía Rosa e a coisa não saía, tentava em vão fazer falar as outras personagens, quem falava era a mulher lá do quarto: *Vá dormir, homem, apague essa luz* – e lá ia eu dormir com Rosa. Um escritor fracassado e dormindo com Rosa; seria pior se fosse o contrário.

Todo marido é um fracassado como marido, o último dos homens – e o meu grande romance era no quarto dos fundos, escrevendo-o no escuro para que não o pudessem descobrir, o estilete correndo nas carnes de Rosa: rosa noturna. Razão tinha o padeiro: você Rosa é uma flor – eu me roendo de ciúmes, este pão está que é uma porcaria, como se chama mesmo aquela padaria junto da igreja?

Rosa na igreja, pedindo perdão por seus pecados, por suas virtudes, eu esperando que ela viesse pura de alma para lavar minha alma. Inútil. Sempre fui, sempre serei um crápula. Um crápula que dorme com uma rosa, no escuro para que o julguem menos crápula – os crápulas. Todas as rosas do mundo não impedirão a podridão do morto."

(De uma página antiga)

Novembro, 11

Até página antiga deu para aterrissar aqui.

E, além do mais, de um ridículo tremendo, quando Rosa era uma rosa, e eu bebendo o néctar da rosa, rosa isso e rosa aquilo, e tome Rosa, a pulcra Rosa voltando mais pulcra da igreja para os meus braços de fauno. Isso de pulcra me faz lembrar alguma coisa, o antediluviano que há em mim se põe a lembrar – mas é uma fração de segundo apenas. Pobre Rosa que nem personagem de romance acabou dando, e mal entra aqui como uma clandestina.

Descobri Rosa entre vetustos papéis, pelo vetustos se pode ver quão velhos eram, pelo quão também. De lente em punho pus-me a esmiuçar pela casa toda, até dentro do urinol, em busca da verdade – e a única verdade era Rosa, a de dez anos atrás, a de milênios atrás. E, falando em milênios, havia também um retrato de primeira comunhão, presumo que fosse eu, com uma cara de imbecil que com o tempo acabei conseguindo disfarçar: os óculos escuros também ajudam muito.

Preciso pôr fogo nessa papelada, ou talvez fosse melhor pôr logo fogo na casa, com Rosa e tudo. Estou desconfiado de que o tudo aí sou eu, o que é muito pouco. Um escritor que nem sequer conseguiu escrever, um herdeiro que não herdou nada que prestasse, um cidadão que nasceu numa cidadezinha e acabou sendo menor do que a sua cidade, um desmemoriado para as coisas sem importância e agora para as mais importantes, um sujeito de binóculo que não enxerga sequer diante do nariz: ou isto não é a imagem de um homem ou então eu sou um homem.

Decidi-me a descobrir o que quero descobrir, e fuçarei até o último dos lixos se preciso. Descobri esta noite que a escuridão, longe de me desviar do caminho, acabará me pondo nele: fuçarei a escuridão. Este diário não sei do quê será escrito também no escuro, e não importa que eu esqueça de pôr aqui as palavras que não foram escritas e apenas pensadas, as palavras da noite que ainda acabará desembocando no Dia. Não nesta merda de dia.

As velas vou dá-las ao primeiro defunto que me passe pela porta – pela janela, já que este é o oitavo andar; ele, como defunto, não terá dificuldade de subir até aqui, mesmo se não subindo. Ou então que o governo, com o seu racionamento, as enfie nos canais competentes, dele governo ou de suas inúmeras amantes teúdas ou manteúdas. Estou cansado de andar com a vela na mão – e outro dia, de tão cansado e perturbado, por pouco não metia a vela entre as pernas de Rosa, já não sabendo o que era meu e o que não era meu.

Não sou eu que ando um pouco fora de época: é a época.

13 de novembro

Fui ao psicanalista e ele me fez deitar num divã, sem o paletó, a gravata e os sapatos.

– Está se sentindo confortável?

– Muito. E o senhor?

– Desaperte o cinto.

– Quer dizer que já subimos?

– Limite-se a responder. Feche os olhos, procure concentrar-se.

Fazia um calor dos diabos, e de repente me veio uma vontade louca de urinar.

– Já pensou alguma vez em matar seu pai?

– Muitas. Mas, se o sr. me permite, eu gostaria de ir urinar.

– E sua mãe, já pensou em possuí-la alguma vez?

– Isso nunca; sempre tive namorada firme. Mas eu gostaria de ir urinar.

– Tem irmãos ou irmãs?

– Que eu saiba, não. Assim de momento é meio difícil...

– Gatos? Cachorros?

– Se o sr. não me deixar ir urinar, não respondo – nem respondo pelas consequências.

E depois que eu voltei do banheiro:

– Quantos dedos o sr. tem nas mãos? Não, não pode abrir os olhos.

– Dez, até chegar aqui pelo menos.

– Responda depressa: se ponho vinte e duas melancias nas suas mãos e depois tiro cinco e acrescento três, com quantos dedos o senhor fica?

– Vinte. Contando os dos pés, naturalmente.

– Em que ano estamos?

– 1963.

– Século?

– Vinte.

– Antes de Cristo ou depois de Cristo?

– Que Cristo?

– Não faça perguntas, já disse. – O mar é vermelho ou é amarelo?

– Depende. No mapa lá de casa, tanto o mar Vermelho quanto o Amarelo são azuis. Da minha janela às vezes ele é cor de abóbora.

– Qual o oceano que dá para a sua janela?

– O Atlântico, isto é pacífico.

– O Atlântico ou o Pacífico?

– Assim o sr. me confunde. Nem eu vim aqui para me submeter a prova de geografia.

O homem foi até a janela e cerrou calmamente as cortinas.

– Agora vai dizer em voz alta, e sem pensar, tudo que lhe vier à cabeça. Relaxe-se o mais possível e nada de escrúpulo.

– Escrúpulo. Cabeça. O oceano é azul. Que calor está fazendo. A morte de Danton. As metamorfoses de

Ovídio. O senhor é uma besta. Com quantos paus se faz uma canoa? Vinte e um, vinte e dois, vinte e três, vinte e quatro. As laranjas da Califórnia são deliciosas. Umbigo. Rapadura. Otorrinolaringologista. É a tua, mulher nua, vou pra Lua, jumento, para-vento, dez por cento, Catão, catatau, catapulta que o pariu, catástrofe, caralho, os medos, os vegas, as vegaminas, as sulfas e as para-sulfas, diametilaminatetrassulfonatosótico, porra de merda, argentino, argentário, argentículo, testículo, laparotomia, Boris Karloff, Irmãos Karamazov, Irmãos Marx, Marx, Engels, Lenin, Lenita, onomatopeia, onomatopaico, onanista, ovos de Páscoa, jerimum, malacacheta, salsaparrilha, Rzhwpstkj, Celeste Império, semicúpio, Salazar, sai azar, seis e vinte da manhã, Dadá, Dedé, Dodô, Dudu, holofote, oliveira, olá Olavo, Alá, ali, alô sua besta já não basta?...

– Basta.

O sábio agora me olhava atentamente, o lápis suspenso no ar, o bloco de papel com rascunhos sobre o joelho. Sua máscara traía uma grande inquietação, como se temesse alguma coisa ou já começasse a pôr em dúvida a minha sanidade. Até que, simulando uma calma absoluta, arriscou com o ar mais natural deste mundo:

– O senhor já foi à Bulgária?

Novembro, 14

....
....
....
....

Novembro, 17

Acabo de pôr o anúncio no jornal. EXPEDIÇÃO À BULGÁRIA. PROCURAM-SE VOLUNTÁRIOS. Poderia ter acrescentado: que não sejam necessariamente loucos. Mas como essa ressalva poderia afugentar os mais capazes e abnegados, deixei a cargo de cada um o juízo sobre o seu próprio juízo. Mesmo porque os loucos nunca se julgam loucos e acabariam vindo da mesma forma – eles ou ninguém mais.

O doutor depois me confessou que, quando eu proferi certas palavras-chave (como, por exemplo, otorrinolaringologista, Rzhwpstkj, diametilaminatetrassulfonatosótico), não teve mais dúvida nenhuma de que eu havia estado na Bulgária ou lá acabaria por estar fatalmente – a menos que, ponderou com sabedoria, a Bulgária não passasse de um mito. Mito ou não, era a causa única do transtorno da minha mente, dos lapsos e colapsos que desde o útero materno me perseguiam como um ladrão embuçado na esquina – como de resto ocorrera com muitos de seus pacientes mais impacientes, em diversas épocas e até em sonho. Ele próprio, e sorriu o mais amarelo de seus sorrisos, já fora atacado de bulgarite aguda na sua mocidade, podendo assim falar de cátedra sobre o assunto – e aproveitou para sentar-se na sua cátedra.

Exibiu-me cerca de quarenta tratados, cada um mais importante do que o outro, sobre o sempre momentoso tema, um deles escrito numa linguagem inteiramente desconhecida e que se presume seja o búlgaro. Com a invenção do radar e do avião-foguete o mal parece ter decrescido um pouco no mundo (no píncaro e nas faldas do Aconcágua é onde a incidência ainda é maior) e calcula-se que dentro de 5.000 anos não se falará mais em bulgarite sobre a face da Terra, a menos que nesse meio-tempo se venha a provar a existência da Bulgária, da Atlântida e do Canadá, para só citar os que lhe ocorreu citar no momento. Deu-me algumas pílulas para tomar, aconselhou-me um curso de hatha ioga, e desejou-me boa sorte.

Antes eu quis escrever exatamente isto e não consegui: as palavras me fugiam diante da euforia de que estava possuído e que acabou por atingir a própria Rosa, que se pôs a cantar uma canção búlgara o tempo todo. Rodei pela cidade como um louco, o que me fez passar despercebido entre a multidão, comprei um sorvete de caramelo e fui tomá-lo diante do mar – o Atlântico, constatei só de vê-lo – depois estive num parque de diversões subindo e descendo montanhas-russas, e aqui estou eu para o que der e vier. PARA O QUE DER E VIER, acho bom repeti-lo para que depois não aleguem ignorância como eu mesmo alegava.

O anúncio me custou caro, na página necrológica que é a mais lida devido aos muitos inimigos que temos – e agora só me resta esperar para ver quais os resultados, embora de resultados não tenham nada e sejam justamente o começo e o ponto de partida – como também está sendo neste Diário que de repente alcança uma importância e uma transcendência que a mim mesmo me assustam.

Novembro, 18
Nenhum voluntário.

Novembro, 19

Nenhum candidato a voluntário.

Novembro, 20

Esteve um sujeito aqui, mas para perguntar sobre um anúncio de geladeira.

Estou desconfiado de que estava era sondando o ambiente. Olhou muito, falou quase nada, depois partiu como um raio.

Novembro, 22

De repente apareceram nada menos de oito.

Três imprestáveis, já se vê: loucos varridos.

Dos outros, o que me pareceu mais simpático foi um professor de Bulgarologia – o que me poderá ser muito útil. Chama-se, ou chamava-se até há pouco, Radamés Stepanovicinsky, natural de Quixeramobim, no Ceará, e me pareceu dono de uma cultura realmente fabulosa. Pediu-me explicações sobre um gato que eu não tinha, examinou detidamente sob o tapete da sala para ver se não havia alguma Bulgária, disse gentilmente *até ontem* e partiu.

Antes dele tinha vindo um tal de Pernacchio, que morou muitos anos ao lado da Torre de Pisa e, como era natural, acabou ficando neurótico com a ideia de que aquilo lhe pudesse desabar sobre a cabeça. Pareceu-me um pouco inclinado para a esquerda, mas como não tenho preconceitos políticos e julgo que cada um é o que é e não o que diz ou o que pensa, afirmei-lhe que seria bem-vindo ou bem-ido sempre que se dispusesse a vir ou ir. Encafifou-me foi um sobretudo que vestia com um calor de quase quarenta graus, mas como pretende mesmo chegar à Bulgária e lá o inverno é sabidamente glacial (Nostradamus, *Centúria X, 97*) acabei lhe dando inteira razão e vestindo o meu pulôver antes que me resfriasse.

Lá pelo meio-dia tocou à porta o tal Ivo que viu a uva – ou talvez fosse o seu nome e eu não tenha escutado bem – o qual me pareceu muito mais velho do que eu imaginava, o que leva a crer que já tenha visto toda espécie de uva que há no mundo e só lhe reste agora conhecer as famosas uvas búlgaras. Disse-me, e provou com documentos, descender em linha reta do tal sábio hindu que inventou o Zero, circunstância que lhe garante e à sua família um *royalty* sobre todos os zeros usados no mundo até o fim dos tempos. Aproveitou para, discretamente, cobrar-me o que lhe devia.

Os outros dois foram um Expedito não sei do quê, que pelo nome foi imediatamente incorporado à expedição, e um marinheiro fenício que se recusou a declinar sua verdadeira identidade, sob pretexto de que o sol estava a pique e não se sabia se era a pique de explodir ou de algo ainda muito mais catastrófico. Tranquilizei-o como pude, embora eu mesmo tenha ficado e ainda esteja um pouco intranquilo com brincadeira de tão mau gosto, o que levou o fóssil de binóculo aí de frente a dar boas gargalhadas quando lhe contei a história.

O tal fóssil, aliás, mostrou-se inteiramente desinteressado de conhecer detalhes sobre a expedição, achando que eu estava era meio matusquela por falta de uma companhia canina ou mesmo feminina, sua velha obsessão.

Aproveitei a deixa para, por seu intermédio, convidar a tataraneta a fazer-me uma visita sem compromisso numa tarde de domingo, embora depois tenha achado que essa história de sem compromisso seria razão mais do que suficiente para que ela não comparecesse. Voltarei à carga em termos menos ofensivos, ou seja, mais ofensivos.

Novembro, 24

Nada de importante. Embora hoje tudo se me afigure importante.

Esse se me afigure já é sintomático.

Novembro, 25

Acabo de mostrar à garota aí de frente o que será o mastro do nosso futuro navio. Pareceu ter ficado realmente impressionada.

Mas não é disso propriamente que quero falar.

Telefonou-me um cidadão que se diz algebrista (não sabia que existia tal nome) e que, por motivos que não vinham ao caso, se havia desiludido completamente da sua álgebra – sua mas não dele, fez questão de frisar – e pretendia por isso embarcar o quanto antes para a Bulgária. O SENHOR ME ACEITA NA SUA EXPEDIÇÃO? – perguntou em tom quase patético.

Nada tenho contra os... algebristas, eu lhe respondi, embora os lamente profundamente. Desde que o senhor não vá com a péssima intenção de ensinar álgebra aos búlgaros ou a quem quer que apareça nos antípodas, não tenho por que lhe dizer não, e sim por que lhe dizer sim.

Aí o infeliz me disse que sua intenção era a de abrir na Bulgária, ou nas Bulgárias, quantas fossem, uma fábrica de acentos circunflexos – na hipótese, bem entendido, de a língua búlgara não possuir esse acento, ou então e principalmente na hipótese de possuí-lo. O acento circunflexo, acrescentou, obriga à circunflexão, e quanto mais nos circunfluirmos ou circunfluirmos os outros, tanto mais circunfluentes nós e eles ficaremos, o que não deixa de ser um consolo neste mundo tão pouco circunfluído. Achei que o seu caso era perdido e, embora não lhe tenha dito exatamente isso, desliguei o telefone.

Novembro, 26

Chegou o professor Radamés, com mala e tudo.

– Vi que o senhor morava sozinho e resolvi morar sozinho com o senhor.

– Só que há a Rosa, que também mora sozinha. Assim seremos três a morar sozinhos.

A ideia lhe pareceu excelente, sobretudo depois que viu Rosa saindo do banheiro envolta numa toalha felpuda.

– Ah, o senhor tem um banheiro dentro de casa... Mas isto é magnífico!

– Não apenas um mas dois – disse para deixar claro que aquele era o reino privativo de Rosa, como de fato o era.

– Ótimo! Assim pode-se tomar dois banhos ao mesmo tempo – e pôs-se a examinar o teto com um ar entendido. – O sr. nunca andou no teto?

E diante da minha surpresa relativa, dado que eu mesmo não me lembrava se havia andado ou não:

– Pergunto porque não se notam marcas de pés, ou pegadas como se diz lá em Quixeramobim. Nem mesmo as dos inquilinos de cima, que sempre deixam uma marca ou outra por mais cuidadosos que sejam.

De fato não havia marca nenhuma, e isso me deixou um pouco encabulado.

O professor Radamés, enquanto arrumava seus trastes no quarto que lhe destinei, pôs-se então a dizer que me achara um tipo muito apegado à realidade das coisas, em vez de à sua realeza, na última e primeira vez em que estivéramos juntos.

– Quando perguntei pelo seu gato o sr. foi logo procurar pelo gato, como se isso tivesse realmente a menor importância. Ainda bem que não encontrou gato nenhum, o que não deixa de ser um castigo.

E começou a acariciar o gato que havia trazido para uso próprio, e que me pareceu antes o dorso de sua mão esquerda – é verdade que bastante peluda e irritadiça. Se ele trouxe também sua própria Rosa, então não haverá maior perigo, pensei comigo, e não pude deixar de sorrir diante da ideia salvadora.

– A primeira condição para se ir à Bulgária, e já não falo *para chegar até lá* – continuou o professor acariciando o gato – é acreditar piamente que ela esteja ao alcance da nossa mão, como este belo gato está sempre ao alcance da minha mão, tão ao alcance que às vezes chega a confundir-se com ela.

– De inteiro acordo – falei por falar.

– O fato de se ir procurá-la não quer dizer que já não a tenhamos achado, ou mesmo que nela não moremos desde o início dos séculos, como é exatamente o meu caso. Ou o senhor pensa que sou o maior bulgarólogo vivo apenas por haver estudado profundamente os costumes dos búlgaros, a sua pré-história e sobretudo a sua não-história?

Fiz-lhe com a cabeça que não tinha a menor ideia a respeito.

– Os búlgaros, veja o senhor, mesmo que não existissem passariam a existir desde o momento em que eu vim ao mundo. Pois, assim como minha mãe me concebeu, eu concebi todas as Bulgárias presentes, passadas ou futuras, e sem a ajuda de nenhum pai, o que é mais importante.

Olhou-me com o olhar de profunda piedade:

– Quando procurei uma Bulgária qualquer, nem que fosse um filhote de Bulgária, debaixo do seu tapete, notei que o senhor se mostrou surpreso e até mesmo indignado, como se eu procurasse um rato morto ou um resto de lixo, lá deixado pelo senhor mesmo ou por essa esplêndida criatura que acabei de ver há pouco.

(Mau, mau, pensei comigo.)

– Pois o senhor está muito enganado. Se não admite a hipótese de que qualquer Bulgária, ou o que quer que seja, possa estar debaixo do seu tapete ou dentro do seu bolso, como pode honestamente ir procurá-la ou procurá-lo nos confins do mundo, na Lua, no fundo do mar, na casa da mãe Joana ou no raio que o parta?!

Notava-se sua indignação, e procurei acalmá-lo com bons modos, acariciando inclusive o gato que tinha na mão e que de repente se pôs a miar. Esse gesto surpreendeu-o um pouco, tanto quanto ao gato, e aos poucos voltou às boas como se nada se houvesse passado.

– Meu amigo, surpreende-me é que tenha partido justamente do senhor essa ideia, que é uma verdadeira Cruzada, de mostrar a todos os povos, inclusive ao povo búlgaro, a existência ou a inexistência da Bulgária. Seu desconhecimento total da Bulgária talvez o tenha levado a essa atitude de desespero que é ao mesmo tempo de uma grandeza sem par, e eu lhe sou profundamente reconhecido por isso. Mesmo que, em vez da Bulgária, venhamos a descobrir a Argentina ou apenas um novo planeta, nem por isso o seu gesto terá sido em vão, e eu estarei ao seu lado para consolá-lo e o senhor a mim.

E dos seus olhos caíram duas profundas lágrimas.

Como não gosto de ver ninguém chorar, afastei-me discretamente e fui bolinar Rosa no seu quarto, pois a sua aparição na presença do professor despertara-me antigas reminiscências – se é que se pode chamar assim a oito (quinze) preciosos centímetros de pênis.

Novembro, 28

Veio pagar-me o inquilino do prédio da rua x.

Hoje esses nomes de ruas conhecidas chegam a me causar espécie, como se eu já estivesse num outro mundo – ou mesmo no outro mundo, como meu pai – e sentisse dificuldade em localizar certos ou todos os lugares da Terra, já não digo do meu bairro, ou da minha cidade, ou do meu país.

Não fosse o binóculo, talvez já nem mesmo enxergasse ou reconhecesse o estafermo do outro lado da rua, cada vez mais micróbio embora o chamem de macróbio – e (o que é mais grave) os seios e a bunda de sua excelente tataraneta, que me descobriu desde que lhe apresentei meus cumprimentos em troca de suas inúmeras gentilezas. No momento meu campo de visão situa-se muito mais além, possivelmente num terceiro hemisfério, e quando me sento à mesa tenho a impressão de que estou alimentando um cachorro ou uma cobaia de que necessito para futuros grandes empreendimentos, muito acima de mim e de todos quantos possam me ajudar.

De qualquer modo tenho que receber esses inquilinos para receber o que eles me trazem – pois, se meu saudoso pai se virou para deixar-me esse pé de meia que tive o cuidado de descalçar-lhe antes que o enterrassem, não é justo que eu não me dê sequer ao trabalho de contar o dinheiro e metê-lo no bolso, como sei de muitos que o fazem com o ar mais cínico deste mundo. Poderia, bem sei, arranjar um procurador para tarefa tão cansativa, sobretudo agora que o meu tempo vale ouro e não apenas papel-moeda ou títulos que para mim não representam título algum, mesmo trazendo a assinatura de todos os grandes do Universo. Mas um procurador, além de ser difícil procurá-lo, acabaria procurando e achando um jeito de reduzir-me à mais extrema miséria, como todo procurador que bem procura – e se sou rico não sou necessariamente um idiota, ou pelo menos procuro disfarçar minha riqueza e sua consequente idiotice.

E recuso-me a sequer continuar discutindo tão lamentável assunto, neste Diário que não o é de balanço nem de registro comercial – hipótese que só de pensar nela me dá engulhos, e engulhos, e engulhos, e engulhos.

Novembro, 28 1/2

O professor Radamés pode ser um grande bulgarólogo, mas o que ele é mesmo é um grande gastrônomo. No jantar principalmente, à luz cambiante das velas, executa verdadeiros passes de mágica no seu prato e às vezes até no meu, obrigando-me por minha vez a realizar algum número de prestidigitação para não acabar morrendo de fome.

Isso para não dizer de certos movimentos dúbios que me pareceu descobrir nele sempre que Rosa se aproxima para servir a sopa ou trocar os talheres, e que a assustam quase tanto quanto a mim mesmo. O homem é fogo.

Começo enfim a compreender em toda a sua extensão o que se quer dizer quando se diz que fulano tem uma mão de gato. Só que no caso do professor o gato não está apenas na mão esquerda, onde eu o vi, mas também na direita e ainda nos pés, nos joelhos, nos cotovelos, na ponta do nariz, e presumo que até e sobretudo na altura da bunda.

30 de novembro

Estava à janela quando vi parado na esquina o que me pareceu ser o expedicionário Expedito. Com o binóculo bati-lhe no ombro e mandei que subisse.

– Que história é essa? Pensa em descobrir a Bulgária ficando na esquina como um valdevinos qualquer? – e gostei daquele valdevinos.

O professor Radamés levantou os olhos do *Diário Mercantil*, não sei se para censurar o meu ceticismo ou se o valdevinos, ou apenas para tomar conhecimento do recém-chegado.

– É que sou muito tímido, sem expediente – disse afinal Expedito, após ruborizar-se do assoalho até o teto. E olhou para o olhar do professor com um medo pânico.

Fiz as apresentações de praxe, que Radamés ignorou com uma soberba indiferença. Mais uma boca, haveria de estar pensando, não sei se em relação apenas à mesa ou se também a Rosa.

– Onde estão as suas coisas?

– Que coisas? – fez Expedito com um espanto. E o seu espanto parecia natural.

Tanto melhor. Assim não haveria mais um a partilhar da solidão de três com a sua solidão – e me admirei de como a ideia me pudesse ter ocorrido.

– É casado?

– Sim e não.

– Tem filhos?

– Não e sim.

– Emprego?

– Sim, isto é, não.

Aquilo não levava a saída nenhuma, e achei mais prudente tratar logo das coisas mais fundamentais.

– A expedição pode partir a qualquer momento. O que não quer dizer que parta necessariamente dentro dos próximos dois anos ou nem mesmo de cinco ou de vinte. Mas pode partir de um momento para outro, e isto é que é o importante.

Expedito, agora mais para o roxo, abancara-se a muito custo numa das cadeiras, o mais longe possível do professor.

– Quer dizer que...

– Sim e não – fiz sem querer. E por acaso era a resposta exata.

Rosa atravessou da esquerda para a direita, e o *Diário Mercantil* abaixou-se numa espécie de reverência.

Em suma, o rapazinho era todo complicado, e parecia ser mais fácil chegar-se um dia à Bulgária do que ao fundo do seu pensamento, se é que havia mesmo um fundo ou um pensamento. De qualquer modo ficou-se sabendo que morava em Maria Angu (o professor estalou a língua nos dentes) e que não tinha nada particularmente contra ou a favor da Bulgária, desejando apenas mudar de vida.

– Que vida? – e a voz de Radamés veio de trás do jornal.

Gostaria de perguntar ao professor se o rapaz reunia o mínimo de condições exigidas, mas ele estava agora ocupado em examinar com um interesse científico o quarto traseiro de Rosa, que trocava as flores do vaso sem tomar conhecimento de nenhum dos três.

A conversa (?) arrastou-se por mais uma boa hora, aliás péssima, ficando em princípio assentado que começaríamos a trabalhar a partir da próxima segunda-feira, quando certamente Radamés já teria acabado de ler o seu *Diário Mercantil* e poderíamos traçar em conjunto alguns planos mais ou menos acidentados no sentido de pelo menos começar a pensar em ir para um ponto de partida qualquer.

Dezembro, 2

Aconteceu uma coisa engraçadíssima. Morreu o sujeito aí de frente, o fóssil de binóculo.

Foi Rosa quem me veio contar. Encontraram o coitado com um ar assim de quem não queria nada, num silêncio sepulcral, e foram ver era sepulcral mesmo. Por via das dúvidas chamaram o médico que o havia examinado na véspera e o achara com uma excelente saúde, e o diagnóstico foi: Tem todos os órgãos perfeitos, mas está morto. Mortíssimo, teria repetido para os que ainda insistiam em não acreditar.

Como em apartamento defunto não tem vez, a não ser em fotografia ou como fantasma, já levaram o corpo para a capela do cemitério mais próximo – com medo certamente de que o velho resolva voltar atrás e dê o dito por não dito. Nunca se sabe até onde chega a resistência de certos micróbios ou macróbios, apesar dos esforços da medicina e de todos os parentes, e sei mesmo o caso de um que só morreu no terrível desastre aéreo de junho de 1954, e assim mesmo de susto.

Pessoalmente tenho uma teoria muito particular sobre esses venerandos destroços que insistem em continuar atravancando o nosso caminho, seja no elevador, na rua, no armazém, no cinema, na igreja, nos salões de festa, dentro de casa, na praia e, por desfaçatez, até mesmo nos cemitérios em dia de visita. É uma teoria tão implacável que eu mesmo sinto pejo de externá-la assim sem mais nem menos, embora a entenda um caso legítimo de legítima defesa, de trânsito certo se não em nossas leis hipócritas pelo menos no mais fundo da consciência universal. Só sei dizer que, uma vez posta em prática, ficariam resolvidos de uma vez por todas os aflitivos problemas da habitação, da alimentação, do espaço terrestre e aéreo, do trânsito, dos transportes coletivos, das terras improdutivas, do divórcio, do abastecimento de água ou de gêneros alimentícios, da estética urbana, da paz na família cristã ou não-cristã, do lixo, do sustento das feras do Jardim Zoológico, da falta de espaço nos cemitérios, das filas de toda espécie, da crise de leitos nos hospitais, das neuroses e psicoses de fundo hereditário (não propriamente hereditárias), da perda de tempo nas repartições públicas, da raiva e da úlcera gástrica, do baixo nível do ensino, da reforma agrária, do parricídio e do matricídio, do alcoolismo crônico ou agudo (80%), do obscurantismo religioso, da sobrecarga na rede de esgoto, dos ventos que não são alísios e que não levam a parte alguma etc., etc.

Dezembro, 3

SÓ HÁ UMA VERDADE ABSOLUTA: TODO RACISTA É UM FILHO DA PUTA.

4 de dezembro

Estive conversando com o professor Radamés sobre a existência ou não dos púcaros búlgaros. Disse-me que em búlgaros ainda poderia acreditar, mas em púcaros búlgaros não.

Contei-lhe o caso do museu de Filadélfia e ele disse que não seria de admirar, uma vez que a própria Filadélfia não existe. Corri a buscar a carta assinada pelo diretor do Museu, mas já não me lembrava de onde a havia posto: *Está vendo?* exultou o professor; *você foi simplesmente vítima de uma alucinação, como o próprio diretor o teria sido.*

A continuar assim ainda acabaremos empreendendo uma expedição para descobrir a nós mesmos – fiz eu ver a Radamés, que não se deu por achado e continuou comendo tranquilamente o seu quarto desjejum. Nem adiantaria, acrescentei, querermos descobrir coisíssima alguma sem antes termos a absoluta certeza de que existimos. Foi quando Radamés soltou aquela profunda sentença que ontem consignei aqui e que, segundo ele próprio, constitui a suma e a síntese do seu pensamento: SÓ HÁ UMA VERDADE ABSOLUTA: TODO RACISTA É UM FILHO DA PUTA.

Absoluta ou não, a verdade é que eu estive em Filadélfia e lá até deixei para sempre a bunda da minha mulher, não sei se no museu – isso o diretor não esclareceu na sua carta. O professor fala de boca cheia, arrotando sabedoria, mas seus sofismas já não me impressionam tanto quanto no início, embora reconheça que em se tratando da Bulgária ele tem sempre a faca e o queijo na mão, tendo já devorado como já devorou tudo que lhe apareceu pela frente, por mais indigesto que fosse.

Seus conhecimentos sobre o assunto são realmente astronômicos – mesmo porque não poderiam ser de outra espécie, segundo ele próprio frisou – e ficamos de dar início aos nossos trabalhos com uma exposição sua, em linguagem simples e acessível, sobre os impenetráveis arcanos da Bulgarologia, ou da Bulgarosofia como ele também gosta de dizer.

(A propósito: telefonou o Ivo que viu a uva e comprometeu-se a comparecer na segunda-feira, com uma licença para que eu possa usar quantos zeros eu queira durante o sono.)

5 de dezembro

Enquanto eu conversava à janela com Pernacchio, apareceu na janela em frente a tataraneta do tataravô – toda de preto, mais radiosa e fresca do que nunca.

Pernacchio veio com uma teoria que, diz ele, se confirmada irá causar um impacto tremendo em toda a Europa e adjacências. Vestia o seu sobretudo siberiano e, o cigarro trêmulo entre os dedos, adiantou quase numa confidência:

– Descobri que não é a Torre de Pisa que está se inclinando, e sim toda a cidade de Pisa, com os seus prédios e monumentos, e até os seus habitantes. A Torre é a única que, por um fenômeno inexplicável, se mantém a prumo. E mostrou com o cigarro a posição exata da Torre, rigorosamente vertical.

Confessei que achava a teoria um pouco ousada para que a aceitassem assim sem mais nem menos, mas Pernacchio não se deu por achado:

– Já prevejo as objeções, e seria mesmo o cúmulo que não aparecessem. Lembro-me do que aconteceu a Galileu só porque quis provar que o vento vinha da rotação da Terra e não dos peidos e dos espirros dos seus habitantes. Todo mundo caiu-lhe em cima como se se julgasse o único responsável pelos ventos, pelas ventanias e pelos furacões – embora eu continue achando que ainda o seja em grande parte.

A garota olhava a rua, e sob o luto eu lhe adivinhava os seios e as nádegas, trêmulos como se fossem gelatina.

– *Eppur si muove!* – pensei em voz alta.

– Que hoje é até marca de supositório na Itália, esclareceu Pernacchio. O que não deixa de ser uma alusão aos insuficientes peidos dos meus compatriotas.

Imaginei-me desmontando, peça por peça, aquele invólucro de falsa tristeza, de *nojo* como eles mesmos dizem, e fazendo vibrar aquela carne tão cheia de vida e não de morte, com os mistérios que trago na ponta dos dedos e da língua.

– Se eu conseguisse provar o óbvio, dizia Pernacchio, então eu já não teria motivos para me inclinar como os habitantes de Pisa, e poderia continuar tão ereto como estou agora. – E quase me bateu com a cabeça no ombro, após tê-la batido na parede.

Eu de fato me inclinava sobre o sexo da ninfa para lhe sugar a ninfa, e estava um pouco desnorteado.

– Também já esteve em Pisa? – ouvi a voz de Pernacchio vindo de longe.

Dezembro, 6

Foram estas, segundo os apontamentos, as considerações feitas pelo professor Radamés, hoje à tarde, na presença minha, de Expedito, de Pernacchio, de Ivo que viu a uva e de Rosa:

– O que se convencionou chamar a Bulgária é sobretudo um estado de espírito. Como Deus, por exemplo.

Mesmo que ficasse um dia definitivamente demonstrada a inexistência da Bulgária, ou das Bulgárias, ainda assim continuariam a existir búlgaros – do mesmo modo como existem lunáticos que nunca foram e jamais irão à

Lua. Eu mesmo conheço mais de um marciano que nunca soube ou nunca souberam de que lado fica exatamente o planeta Marte, como sei de sujeitos que usam camisas-de-vênus e nem por isso são astrônomos ou fazem contrabando com aquele lírico planeta. Em suma, não vejo nada de espantoso em que um dia venhamos a descobrir que também somos e seremos eternamente búlgaros.

*(Protestos gerais. Pernacchio ameaça
voltar para junto da Torre de Pisa)*

Não adianta querer ou não querer protestar. Se não fôssemos de certo modo e até certo ponto búlgaros, não estaríamos agora aqui tão interessados em provar a existência ou mesmo a inexistência da Bulgária, e estaríamos antes cuidando de ir descobrir Portugal, o estado de Massachusetts, o Cáucaso ou simplesmente as pernas da vizinha ou da empregada, que estão cobertas justamente para que as descubramos *(Olhar lúbrico para Rosa)*.

Nenhuma alusão à Bulgária ou a quaisquer Bulgárias se encontra, nem mesmo veladamente, na Bíblia ou em qualquer outra mitologia, como tampouco nos mistérios da Cabala, da Astronomia ou da Astrologia, e muito menos ainda nos vaticínios do Oráculo de Delfos, nos manuscritos do mar Morto ou nos mapas-múndi de Ptolomeu, Macrobius, Idrisi, Schöner, Mercator ou Ortelius. Nada também, que possa sequer lembrar a Bulgária ou os búlgaros, em Plutarco ou em Plínio o Velho, nem em Hesíodo ou em Heródoto, nem ainda em Anaximandro ou em Tales de Mileto – para só citar os mais recentes. Mas isso, que assim à primeira vista pode parecer demonstrar de forma cabal a inexistência de quaisquer Bulgárias, nada ou muito pouco significa realmente num exame mais acurado dos fatos, posto que naquelas fontes não existe também a menor alusão à possível existência do professor Radamés Stepanovicinsky, e apesar disso aqui estou eu de corpo presente.

(*Aplausos moderados*)

Houve no século XIII um louco de nome Heinrich von Waldeck que escreveu um poema maluco intitulado "O romance do duque Ernesto", no qual relatava a história amalucada do duque Ernesto II da Suávia e dizia, entre outras maluquices, existir um certo "país dos búlgaros selvagens onde é preciso a gente muitas vezes abrir caminho a golpes de sabre". Mas como depois ficou exaustivamente provado que o poema, que não era um poema, não era de autoria de Heinrich von Waldeck, nem tratava especificamente de nenhum duque Ernesto II da Suávia – o qual aliás nunca existiu, como tampouco nunca existiu nenhum século XIII – verifica-se que o único documento no qual de passagem se ousou um dia mencionar o nome da Bulgária ou dos búlgaros, não passa na realidade de obra apócrifa que nem mesmo um louco teria coragem de assinar, sendo em consequência considerados incomparavelmente mais loucos aqueles que em qualquer tempo, com chuva ou sem chuva, pretenderam ou pretendam porventura levá-lo a sério.

O também louco e famoso Estrabão, na sua desvairada "Geografia" (Livro I, cap. IV, par. 6), tenta, embora mui sutilmente (*aplausos*) insinuar a remota hipótese de algum dia ainda vir-se a descobrir algo que mesmo de longe se possa assemelhar a qualquer coisa parecida com a Bulgária, ou com as Bulgárias, quando lembra com a máxima das cautelas ser possível que "...na zona temperada existam mesmo dois mundos habitados, ou mesmo mais, e muito particularmente na proximidade do paralelo que passa por Atenas e atravessa o oceano Atlântico". Mas quem, eu pergunto, em seu perfeito juízo pode levar a sério um sujeito que se chamava e sobretudo se deixava chamar Estrabão – e isso não só durante a sua vida como através de séculos e séculos – quando já naquele tempo havia tantos nomes belos e sugestivos entre os quais pudesse escolher livremente, alguns mesmo belíssimos e sugestivíssimos, como Radamés, Expedito, Ivo, Pernacchio, Rosa e Hilário – para só citar uns poucos exemplos?

(Aplausos demorados)

Houve ainda no século XIII – o tal que nunca existiu – um famoso sábio árabe, de nome se não me engano Zakariyya-ibn-Mohamed-ibn-Mahmud al Quazwini (mais conhecido entre os íntimos por o Quazwini) – o qual, embora não existindo, escreveu um longo e substancioso tratado sobre as Maravilhas da Criação Animada – ou, para quem não sabe o árabe, "Aja'ib al-Makhluqat". Neste livro inexistente mas de leitura sempre proveitosa, ou seja, o "Aja'ib al-Makhluqat", Zakariyya-ibn-Mohamed-ibn-Mahmud al Quazwini, sem tocar exatamente em qualquer nome ou palavra parecidos com Bulgária, dá a entender vagamente que não seria de todo fora de propósito que os antigos navegadores e exploradores egípcios, fenícios, cartagineses ou cretenses houvessem tomado como sendo búlgaros as costas ou o costado de alguma tartaruga gigante ou então de algum peixe não menos gigantesco, a qual ou o qual estivesse flutuando como uma pequena ilha na imensidão dos oceanos – daí nascendo para desespero nosso, búlgaros ou não-búlgaros, o sonho ainda impossível mas nunca impossível da circum-navegação da Bulgária. Dessa absurda ideia de Zakariyya-ibn-Mohamed-ibn-Mahmud al Quazwini, no seu "Aja'ib al-Makhluqat", foi que acabaram surgindo todas as hipóteses marítimas, aéreas ou terrestres que ainda hoje infestam e transtornam a fértil imaginação humana, sempre que, como no caso presente, se reúnem alguns espíritos superiores e desprendidos das coisas terrenas (*murmúrios de aprovação*) com o objetivo único de contribuírem para o constante progresso da Bulgarologia e da Bulgarosofia. Assim, por exemplo, aqueles que pretendem que o reino ou os reinos da Bulgária ou das Bulgárias talvez não passe ou não passem de um gigantesco e errante *iceberg*, tão gigantesco e errante quanto o peixe ou a tartaruga que os navegantes antigos viam emergindo e imergindo no *mare tenebrosum* de que falava o velho Plínio – e que outro não é, como até Rosa na sua ignorância deve saber, senão o tenebrosíssimo mar Negro. Ou os que tão descaradamente sustentam, eu entre eles, que o feérico reino da Bulgária possivelmente não passe de um belíssimo continente Astral, não confundir com Austral, algo assim como uma ilha sideral, um corpo celeste resplandecente, um asteroide, um outro planeta qualquer ainda desconhecido e que logo se fará conhecido – numa dessas muitas viagens intergaláxias que ora se iniciam sob os auspícios da Standard Oil, da Coca-Cola e dos fabricantes de *chewing gum*. O Enigma da Bulgária – de todas as Bulgárias, melhor dizendo – aproxima-se assim de uma solução definitiva, e de uma solução poética e cerúlea (*aplausos gerais*) o que é mais importante – bem diversa da solução pretendida pelos que energumenamente atribuíam a Bulgária a uma pequena mancha de café no mapa do polo Norte ou do polo Sul, quando não apenas a um simples sujo de barata ou de mosquito, semelhante sem dúvida ao que eles sempre tiveram dentro do cérebro e dentro da alma.

Afora essa solução poético-sideral, que ainda continua sendo a minha, não há por que esquecer aqui a dos que desvairadamente procuram ver na Bulgária o inatingível país dos Antípodas, ou o não menos inatingível 3º Hemisfério, ou ainda o 7º ou o 8º Continente, ou aquele reino da Cólquida onde está e sempre esteve o Tosão de Ouro, ou o Paraíso Terrestre do Gênese, ou o Sete no Dado, ou o Shangri-La com que sonham todos os insones, ou o Cabo Sim em vez do Cabo Não – de qualquer modo a TERRA NOBIS IGNOTA de que sempre falaram os cartógrafos antigos e que forçosamente terá que ser muito mais bela e humana do que esta Terra aterradora na qual vivemos desterrados e onde seremos um dia finalmente enterrados.

(Aqui Radamés se sentiu um pouco cansado – e nós com ele – e pediu lhe fosse servida uma chávena de chá ou uma chocolátevena de chocolate, se possível acompanhada de torradas.)

Dezembro, 7

A exposição do professor nos deixou a todos excitados – e, assim, à noite tratei de ir dormir com Rosa.

Não dormir, seria o certo.

Primeiro porque, mais excitado do que todos, o professor se deixou ficar rondando pela casa como um fantasma, sem dizer uma palavra, imerso em profundos pensamentos. Quais fossem esses pensamentos, tão profundos quanto os meus, eu podia imaginar – e assim me pus a rodar tanto quanto ele, embora em sentido inverso. Nunca dois bulgarófilos se preocuparam tanto com o destino da Bulgária, roídos de insônia, os olhos acesos, passando um pelo outro como se o outro não existisse.

Até que às tantas o professor se declarou cansado e recolheu-se ao seu quarto, do que me aproveitei para estirar-me um pouco numa poltrona, no escuro que era para que meus pensamentos se tornassem ainda mais profundos.

Não eram passados dez minutos e o fantasma do professor ressurgiu pé ante pé, amparando-se nas paredes – o que não deixava de ser surpreendente num fantasma – até que tropeçou nas minhas pernas e enfiou-se no banheiro. Quando voltou aproveitamos para nos desejar boa noite e lindos sonhos, o que nos havíamos esquecido de fazer antes.

Mais meia hora, eu já quase dormindo, sinto a presença do professor à minha frente, e ele a minha – e lá se enfia de novo para o banheiro, esquecendo-se sequer de acender a luz. O professor deve estar com dor de barriga, pensei comigo. E ele, ao voltar, confirmando: Estou com dor de barriga.

Deve ser do chocolate, sem dúvida; o professor não tem o senso da medida e come por três professores de Bulgarologia. Da próxima vez vou lhe oferecer uma dose de sal amargo.

Essa próxima vez levou bem uns quarenta minutos – e o que apareceu foi apenas a cabeça do professor, um ponto negro mal perceptível na escuridão, farejando o ambiente como um rato ou como um gato, ou como qualquer outro animal que estivesse preocupado com tudo menos com a sua dor de barriga. Quando deu por mim, já de corpo inteiro, ofereci-lhe gentilmente o tal sal amargo e fui eu mesmo preparar-lhe uma dose cavalar, que ele emborcou de um só gole e soltando um palavrão que fez estremecer as paredes da cozinha.

Só então me tranquilizei quanto à saúde do professor e entrei sorrateiramente no quarto de Rosa, que dormia a sono solto. Prendi-lhe o sono entre as mãos, entre os braços, e depois entre as pernas – e, quando ela acordou, percebi que estava tão excitada quanto eu com a bela exposição do professor, mais do que nunca eu a tinha visto nesses últimos tempos.

E, quando vimos, o sol já batia na janela e o professor ia visitar mais uma vez o banheiro, só que desta vez com todos os ruídos correspondentes.

Outubro

Descobri que estamos a 12 de outubro e não a 8 de dezembro.

Também, com esse maldito racionamento não se pode mesmo ter noção do tempo exato: das tantas às tantas fica-se no escuro, é como se o tempo parasse; quando volta a luz já o relógio disparou para frente, dando ideia de que nada tem a ver com a parada do tempo. Uma confusão dos diabos.

À vista disso, e para evitar maiores confusões no futuro, porei daqui por diante apenas o mês e não o dia em que estou ou julgo estar, como ponto de referência para este Diário. Assim, mesmo que me engane, o engano será menor e certamente não darei por ele.

Se preciso porei apenas o ano; e, se ainda persistir qualquer dúvida, apenas o século.

Outubro

Rosa:

– Está aí fora um sujeito que diz que não existe.

– Mande entrar assim mesmo.

Era um sujeito franzino, raquítico, como se de fato não existisse; mas ainda dava para enxergar.

– Chamo-me Fulano. Não é piada não, é este o meu nome. Só que também Meireles: Fulano C. Meireles. Esse C até hoje não consegui descobrir o que seja.

– Sente-se.

Sentou-se. Se tinha sangue, sabia disfarçá-lo muito bem. Era de uma palidez cadavérica, como se fosse feito de cera.

– Não sei se o sr. sabe, mas em 1585 o papa Gregório XIII decidiu que o dia seguinte a 4 de outubro de 1582 passaria a ser 15 de outubro de 1582 – parece que para acertar um calendário qualquer. (Sua voz era sumida e mais parecia uma respiração.) Pois bem, os avós dos avós dos meus avós, digamos assim, nasceram exatamente entre 5 e 14 daquele ano – o que significa simplesmente que não nasceram coisa nenhuma e nada têm a ver com a história do mundo. Eu até que, antes de descobrir esse fato, era um halterofilista razoável, com várias medalhas no peito e um 6º lugar numa competição internacional. Quando descobri que não existia, perdi todo interesse de existir, fui definhando, definhando, e aqui estou reduzido a esta coisa inexistente que o sr. vê ou que não vê. Desculpe se estou lhe tomando algum espaço.

Tudo isso foi dito de roldão, sem sequer piscar, como se temesse não ter tempo para concluir seu pensamento. Eu estava sinceramente penalizado.

– Lamento muito a sua inexistência.

– E mais: não posso sequer morrer, porque não existo – e isto está me criando um problema bastante desagradável. O sr. já imaginou o que é não existir e ao mesmo tempo não poder deixar de existir?

Fiz que não fazia a mínima ideia. E depois:

– E em que lhe posso ser útil?

– Faz dias li seu anúncio e decidi que o melhor ainda seria eu ir para a Bulgária. Se é que a Bulgária é mesmo nome de lugar e não uma maneira de expedir alguma coisa: expedição à Bulgária, como quem diz à francesa, ou à inglesa, ou simplesmente à milanesa.

As duas coisas – pensei comigo. Mas:

– Se existe ou se não existe, *that's the question*. Perdoe-me a dúvida hamletiana, mas no caso é a única. Apenas... – E não tinha coragem de externar meu pensamento.

– Apenas...

– Apenas, dada a pouca probabilidade de que a Bulgária exista, parece-me uma temeridade levar para descobri-la alguém que fora de qualquer dúvida não existe. Não sei se fui bastante claro.

O homem me olhava com um olhar de profunda decepção – esta, se não existente, pelo menos bastante visível.

– O sr. já calculou o que seja chegar a um lugar inexistente com uma criatura que não existe? O risco me parece excessivo, e não posso corrê-lo sem antes consultar meus companheiros de expedição – que sem dúvida alguma me tomarão por um louco, embora estejam acostumados a coisas muito piores.

– Pouca esperança, então? – e a voz do inexistente era quase inexistente.

– Prefiro ser franco e dizer que ela não existe.

E soprei-o em direção à porta.

Outubro?

Expedito trouxe um mapa adotado nas escolas e do qual consta o nome da Bulgária.

Se é um mapa oficial não merece crédito, eu disse.

O professor Radamés, que comia goiabada, olhou atentamente o papel contra a luz para ver se não havia falsificação. Trabalho perfeito, limitou-se a dizer.

Pernacchio e Ivo que viu a uva recusaram-se a sequer tocar na esparrela.

Como nem com todos esses argumentos o pobre rapaz se mostrasse mais tranquilo, aconselhei-o a levar Rosa a um cinema aqui perto e que está levando *Tarzan e os homens de Marte.*

Similia similibus curantur.

Outubro

Com as primeiras cãs estou ficando completamente idiota, o que não quer dizer que já não o fosse antes. Ontem pus-me a acompanhar a tataraneta do tataravô, que em companhia de uma amiga foi caminhando, como quem não quer nada, até o Jardim de Alá, que fica a uns duzentos quilômetros de nossa rua. A juventude tem uma resistência de ferro e eu, por minha vez, um ferro de grande resistência – de modo que chegamos sãos e salvos às margens do Atlântico, que a essa hora estava, não sei por quê, com ar de Índico.

O pior, porém, não foi a caminhada e sim um soneto que fui perpetrando em louvor às carnes que iam bamboleando à minha frente, as da tataraneta ainda mais sensuais sob o justo mas injusto vestido negro – ou de nojo, nunca é demais repetir. Se dúvida ainda houvesse sobre minha condição de escritor fracassado, esse belo soneto, que não voltarei a mostrar nem a mim mesmo, seria a última e derradeira pá de cal sobre o assunto: pior do que ele só mesmo aquela página antiga sobre a Rosa que cantei e depois deflorei sob as barbas da minha mulher e de um Cristo que havia colado na parede. Falava até em epicédio e em nênia, o maldito, eu que nunca pensei nesses nomes nem sequer em pesadelo – o que se em parte pode ser atribuído ao estado de ereção em que me encontrava, também e principalmente se deve à memória do cretino do tataravô, que assim até depois de morto continua me perseguindo. A única coisa que se salvava era um pênis que na última estrofe rimava com testículos infrenes, mas isso mesmo logo depois me parecia de um gosto dúbio, sobretudo em se tratando de uma cantata ou de uma cantada em grande estilo, como era a minha intenção.

A verdade é que, pelo grau de burrice atingido, devo estar mesmo às portas de uma paixão – e tenho que frear a tempo esses testículos infrenes, e mais o pênis, e tudo mais que me leve a andar de quatro, ou de três, até o Jardim de Alá ou que outro nome tenha o Jardim das Delícias. Por mais saborosa que seja a tataraórfã, sobretudo depois do luto que lhe impuseram, não me interessam mais complicações do que as que eu já tenho – e isto encerra de vez a questão.

Rosa dá para o gasto, e eu sou o gasto.

Outubro

Eu e o professor Radamés saímos a passear por Copacabana, à tarde.

– Professor, como se explica que até mendigo hoje tenha transístor?

O professor estava muito ocupado em observar com suas poderosas lentes os seios, as ancas e a bunda propriamente dita das mulheres, e não ouviu a pergunta.

Tirante as mulheres, que não sacrificam a elegância a nada, nove entre cada dez transeuntes levavam o seu rádio transístor colado ao ouvido, alguns mais discretos trazendo-o a tiracolo, ligado no volume máximo. Cada criança trazia também o seu, as menores de chocolate ou de matéria plástica, as outras um dos modelos recém-lançados com estardalhaço pela FNT (Fábrica Nacional de Transístores) com desenhos de heróis de histórias em quadrinhos ou de filmes de bangue-bangue, a preços convidativos. Até um cachorro, se não foi ilusão de ótica, passou com um aparelho adaptado à coleira e que presumo seja algum modelo especial para cães, de fabricação japonesa ou norte-americana, infelizmente ainda difícil de encontrar. Um frade dominicano discutia na esquina com um general de exército sobre as vantagens dos respectivos transístores, enquanto junto deles um mendigo esperava o momento azado para pedir um auxílio para consertar o seu próprio transístor. Esse mendigo foi quem me fez perguntar e tornar a perguntar ao professor Radamés:

– Professor, como se explica que até mendigo hoje tenha rádio transístor?

– Não é o mendigo que já tem transístor, e sim o transístor que já tem o seu mendigo – respondeu Radamés, como sempre meio nebuloso.

– Então, como o sr. explica que, hoje, qualquer transístor já tenha o seu mendigo?

Uma bunda que passava fez com que Radamés tardasse um pouco a responder.

– Você sabe, as bundas, digo, os transístores se tornaram como que a palavra de ordem de nossa época, eu já ia dizendo a palavra da Ordem, o que viria a dar na mesma. Ora, os mendigos fazem parte da paisagem tanto quanto eu ou você, têm de ouvir a palavra exata na hora exata para não serem presos como perturbadores da ordem constituída ou reconstituída, o que chamam a pátria amada idolatrada. Mas vejo que estou fazendo um discurso em vez de estar olhando as mulheres.

Na sua precipitação quase dirigia um galanteio a um padre que ia passando sem o seu transístor, o que justificava o engano.

– E o dinheiro? Onde que o mendigo arranja o dinheiro para comprar o transístor? – quis eu saber, embora isso não fosse absolutamente da minha conta.

– Não se trata de ter o dinheiro e sim de ter o transístor. – O professor olhou-me como se me achasse de uma burrice transcendente. – Será que você ainda não percebeu que o problema é de pura sobrevivência: ter o transístor ou morrer, ter o transístor ou meter uma bala na cabeça?

Eu estava realmente burro e fiz que não havia entendido.

– O que antes era a consciência, o anjo da guarda de cada um, hoje se chama O TRANSÍSTOR: coisas da era nuclear ou eletrônica. Você deixa que os outros pensem por você e decidam sobre o que você deve fazer; e como os outros, por sua vez, estão deixando que alguém pense ou decida por eles, acaba ninguém pensando nem decidindo coisa nenhuma, o que é justamente o que o governo quer e faz o possível para que aconteça. Daí a Fábrica Nacional de Transístores, e daí a voz do espíquer que é a voz do governo anunciando sabonetes e uma era de franca prosperidade – para ele naturalmente.

O professor Radamés quase metia o nariz entre um par de seios que passava como que numa bandeja.

– Merda para você e os seus transístores! Deixe-me gozar a vida.

Um grupo de três veados que conversavam junto a um poste, sem transístor evidentemente, levou-me a outra ordem de especulações.

– Professor, e como se explica que numa cidade como Copacabana, onde há as mulheres mais lindas do mundo, deem tantos veados: cada ano o dobro do ano anterior, segundo as últimas estatísticas do IBOPE?

– *Preciosa!...*

O professor estava gastando a artilharia sobre um morenaço de seus dois metros e tanto de altura, o sexo nos batendo no ombro sem bater. Repeti a pergunta quando um guarda, armado de cassetete e transístor, olhava para o professor como se o tivesse pilhado em flagrante minete em plena via pública.

– Como se não bastassem os guardas, você ainda quer que eu preste atenção nos veados!!

A indignação do professor era justa, e eu já me sentia envergonhado de haver formulado a pergunta. Mas foi ele mesmo quem, após haver coçado os escrotos na direção do guarda, se encarregou de responder:

– Quanto mais veados, melhor para nós; veja se fica bonzinho. Ou você acha que já não basta a concorrência tremenda que temos que enfrentar a toda hora, em toda parte, até dentro da igreja, sobretudo dentro da igreja? Eu adoro os veados, mas a longa distância como fazem os crentes com o seu deus, que fazem tudo para ver o mais tarde possível, se possível nunca. *Mas que maravilha!...* Você viu só que pedaço de mulher? Imagine inteira... Mas voltando aos veados, voltando vírgula, eles lá e eu cá, acho-os uma das coisas mais necessárias de Copacabana ou de qualquer parte do mundo; e espero que lá no inferno eles sejam pelo menos tão numerosos quanto aqui. E digo-lhe mais – e baixou a voz, como se estivesse falando do câncer – em caso de absoluta precisão eles até que não são lá essa coisa horrível que você está pensando; conheci um, uma vez, que quase chegou a me convencer, o diabo tinha uma boca e um antípoda da boca que não ficavam a dever nada a muita mulher por aí, sobretudo essas que passam por ser de boa família e acabam se convencendo de que o são realmente: umas vigaristas que nem sequer merecem a bunda que têm. Um rádio transístor no volume máximo, que parou um instante à nossa frente, impediu-nos de continuar a conversa, o que em parte serviu para acalmar o professor.

– Minha mulher, disse eu, achava que esta proliferação de veados era uma consequência da bomba atômica. Mas para ela tudo era consequência da bomba atômica, até o Concílio Ecumênico.

– Sobretudo o Concílio Ecumênico – fez o professor, e fechou-se em copas.[3]

Copacabana é um bairro onde se pode viver tranquilamente, desde que se seja louco. E não só pelas mulheres, diga-se de passagem, nem tampouco pelos transístores ou pelos veados, que esses os há em toda parte; mas pela ausência completa de lógica nas coisas mais simples e mais humanas, como encontrar um amigo por exemplo. Uma vez encontrei um amigo de infância que não via havia muitos anos; empurrei-o de encontro à parede, abracei-lhe o pescoço, o tórax, o abdome e a bacia, puxei-lhe os cabelos que aliás já

---

[3] A propósito, é oportuno lembrar as palavras do apóstolo Paulo na sua Epístola aos Romanos: "...tradidit eos Deus faedis affectibus; nam et feminae illorum transmutarunt naturalem usum in eum qui est proter naturam: similiterque etiam masculi, relicto naturali usu feminae, exarcerunt sua libidine alius in alium, masculi in masculis faeda perpetrantes, et compensationem (quum oportuit) erroris suis in sese recipientes". (*Nota do tio do Editor.*)

estavam ficando escassos, dei-lhe tapinhas no rosto, nas costas, nos rins, nas pernas, na bunda, mal continha a emoção de enfim encontrar um amigo entre tantos inimigos ou indiferentes, fiz em suma tudo que era possível fazer na circunstância ou mesmo fora da circunstância: quando vi, o homem se chamava Harald Haardraade, era norueguês de nascença e por convicção, acabara de chegar de Oslo ou de Jostedalsbra não estou bem lembrado, não entendia uma palavra do português e pelo visto não tinha o mínimo interesse em aprender. Pior, muito pior, foi o outro que, não sei se pago pelo tal norueguês, me abraçou algum tempo depois em plena avenida Atlântica, o mar que era uma beleza, e no mais puro sotaque nordestino me perguntou que fazia eu que não aparecia mais em Itapecuru-Mirim, pois aquela garota de Cajapió vivia sempre a perguntar por mim, o Manuel Rosendo se casara o mês passado com a filha do prefeito de Chapadinha, ia se candidatar a vereador para ver no que dava o cabaço da desinfeliz, e mais isso e mais aquilo, como então hein seu, uma efusão que me deixou de certo modo comovido; quando nos separamos, após muitas juras de eterna amizade, foi que dei pela falta da carteira, do relógio, da caneta-tinteiro e até de um lenço de estimação, que me teria pelo menos servido para enxugar as lágrimas da separação.

Por essas e por outras é que prefiro trocar as delícias de Copacabana pelo silêncio e o quase deserto da rua em que decidi esconder a minha solidão, nos confins da Gávea – ideia que também parece ser e está sendo a do professor Radamés Stepanovicinsky, de

Quixeramobim no Ceará, meu hóspede à força, agora ali presente e sempre presente ao meu lado, bulgarólogo e bulgarósofo mesmo sem Bulgária, precursor de todas as Bulgárias e por tabela de todos os búlgaros, e sobretudo de todas as búlgaras, ele o sabichão e o sabetudo, com transístor ou sem transístor, de passado ainda mais misterioso do que o futuro, sem passado e sem futuro, apenas Radamés para os íntimos e para as íntimas, quanto mais íntimo e quanto mais íntima mais Radamés e menos Stepanovicinsky, pobre Rosa se um dia for na conversa dele, como eu fui, como estou indo e como preciso ir, que se não for com um Radamés a tiracolo jamais se chegará a nenhuma Bulgária, nem e muito menos a nenhum púcaro búlgaro, maldita hora em que um púcaro e além do mais búlgaro entrou na minha vida, no meu sangue, nas minhas glândulas sebáceas, se é que existem mesmo essas glândulas, se não existem ficam existindo, e mais as glândulas de descobrir a Bulgária, e as de namorar a refulgente tataraneta do tataravô, e as de escrever este Diário que já me vai cansando e cansando e cansando, e as de soprar estas velas que me tornam assim uma espécie de defunto, parece que já disse isto, defunto que procura o seu reino ainda nem nascido para poder morrer nele, eu um búlgaro, eu um búlgaro, eu o Búlgaro – eu o último ou o primeiro dos Búlgaros.

Outubro
Expedito e Rosa gostaram tanto de *Tarzan e os homens de Marte* que foram assistir ao filme mais duas vezes.

(*Outubro*)

ATA DA PRIMEIRA OU SEGUNDA REUNIÃO ORDINÁRIA OU EXTRAORDINÁRIA DO MSPDIDRBOPMDB (MOVIMENTO SUBTERRÂNEO PRÓ-DESCOBERTA OU INVENÇÃO DEFINITIVA DO REINO DA BULGÁRIA OU PELO MENOS DE BÚLGAROS) REALIZADA A 28 OU 26 DE OUTUBRO OU DE DEZEMBRO DE 1963 NO ESTADO DA GUANABARA OU CIDADE DE SÃO SEBASTIÃO DO RIO DE JANEIRO OU SIMPLESMENTE RIO, DISTRITO OU MUNICÍPIO OU BAIRRO DO ALTO DA GÁVEA. – Verificada a presença dos presentes e a ausência dos ausentes, o presidente perpétuo do MSPDIDRBOPMDB, após pedir em termos corteses porém enérgicos ao professor Radamés Stepanovicinsky que evitasse comer ou beber durante o curso dos trabalhos, ou que pelo menos procurasse fazer menos barulho, iniciou suas palavras lembrando que o MSPDIDRBOPMDB era o único movimento subterrâneo no mundo que funcionava no oitavo andar de um edifício situado no alto de um morro, o que provocou imediatamente prolongados aplausos, menos de parte do referido professor Stepanovicinsky que se mostrava amuado. A um aparte do referido professor, que perguntou se ao menos podia palitar os dentes, o presidente fez que não ouviu e observou que horas decisivas estavam por chegar para todos os presentes, pedindo-lhes em consequência que não deixassem de dar corda aos seus relógios, como ele mesmo fazia naquele momento. Após o que declarou livre a palavra, esperando apenas que não a tornassem mais livre do que já estava, dada a presença de senhoras – que por sinal era uma só e não era senhora – ou mesmo de vizinhos que porventura estivessem tomando ar ou nota às janelas. Decorrido um cabuloso silêncio, apenas entre-cortado pelo barulho do palito nos dentes do professor, tomou a palavra o expedicionário Ivo que viu a uva, que, após tossir, se declarou preocupado com a tendência da dança moderna em manter afastados os corpos dos dançarinos, o que a seu ver poderia resultar num decréscimo da natalidade ou mesmo na pura e simples extinção da espécie. O expedicionário Pernacchio observou, em aparte, que uma coisa não tinha absolutamente nada a ver com a outra, e que o crescimento da população não dependia dos que estavam dançando mas justamente dos que não estavam dançando, ocupados certamente em coisa muito mais proveitosa. Mostrava-se inclinado, como de fato se mostrava, a admitir que a dança moderna não passava de um despistamento para enganar os pais ainda demais preocupados com o hímen complacente ou não de suas filhas: após um número mais violento de *rock* ou de *twist*, para o inglês e o resto do mundo verem, o que os jovens pares iam fazer no jardim ou no assento traseiro do carro era exatamente o mesmo que sempre fizeram desde que o mundo existe – sem tirar nem pôr, acrescentou, embora a expressão aqui não devesse ser tomada ao pé da letra. E com muito mais fúria, continuou, porque não tiveram as compensações que antes teriam com a valsa ou com o tango.

– O expedicionário Expedito, mais convencional do que nunca, aproveitou a pequena pausa nos debates para indagar por que o urubu não canta, pergunta que o presidente julgou impertinente e sobretudo impertinente, mandando que não fosse sequer consignada em ata, o que se faz. – Ainda sobre o tema da perpetuação da espécie, o presidente perpétuo lembrou o papel relevante que a vaselina tem desempenhado na história da humanidade, propondo que se aventasse a ideia de um dia erguer-se um grande Monumento à Vaselina, a exemplo do que se fez com o soldado desconhecido e até com o Deus desconhecido; só que no caso, acrescentou, a vaselina é conhecida até por demais e não se pode sequer alegar ignorância. – Uma borboleta entrou pela janela e esvoaçou sobre a cabeça de Rosa e do professor, acabando por entrar também nesta ata e consequentemente na História. – O expedicionário Pernacchio aproveitou a saída da borboleta para perguntar a razão por que o testículo esquerdo é mais caído do que o direito, tendo o presidente respondido que provavelmente para que as estátuas antigas tivessem mais equilíbrio, dado que o braço direito é sempre mais pesado do que o esquerdo; razão por que também nas mulheres as nádegas são muito mais volumosas, para compensar o peso dos seios.[4] Ivo que viu a uva lembrou, a propósito, o que dissera certa vez a sua avó, num exemplo do que lhe parecera então ser o cúmulo do *nonsense*: "A coisa mais feia deste mundo é uma bunda de mulher". O professor Radamés Stepanovicinsky, que até então estivera a remoer sua

---

[4] Interpretação inteiramente gratuita. Sábios como Forel, Havelock Ellis, Krafft-Ebing, Wilhelm, Steckel, Magnus Hirschfeld, Litzmann Fichstest, Raffalovitch, Wernick, Haller, Kirsch, Van de Velde, Moll, Guenther, Bauman e outros são unânimes em afirmar que, se o testículo esquerdo está situado mais baixo do que o testículo direito, isso se deve unicamente ao fato de este último se encontrar no plano realmente mais alto do que aquele. (*Nota do Editor.*)

mágoa e seu palito, não se conteve e afirmou alto e bom som que a avó do expedicionário Ivo que viu a uva podia entender de tudo neste mundo menos de bunda de mulher, e que pelo visto ela própria nunca tivera bunda. Os debates se acaloraram e foi preciso que o presidente declarasse que a avó de Ivo que viu a uva tinha tido bunda para que os ânimos se serenassem. – O professor Radamés Stepanovicinsky aproveitou o embalo para estranhar que, sendo o pênis por natureza o membro do congresso, não pudesse ser ou nunca tivesse sido eleito senador ou deputado; gente que não tem a dignidade de um pênis e muito menos a sua fibra, disse ele, está lá dentro, e citou mil exemplos. O lugar do pênis é lá dentro, seja ou não eleito, concordaram todos *a una voce*, inclusive a expedicionária Rosa. – Aproveitando a ligeira confusão, o expedicionário Expedito quis saber por que, sendo o automóvel um automóvel, não se locomovia sozinho, fazendo com que o presidente mais uma vez considerasse a pergunta ociosa e sem nenhum nexo com o assunto ou os assuntos em pauta. – O tema seguinte, levantado por Pernacchio, prendia-se ao fato de os macacos, como descendentes do homem, não serem dotados do dom da palavra nem do raciocínio; qual, perguntou, a razão da degenerescência? O expedicionário e professor Radamés contestou veementemente que se tratasse de uma degenerescência, parecendo-lhe tal fato (se verídico, fez questão de frisar) antes um sinal de sabedoria e manifesta superioridade sobre o homem, que justamente se perde pela boca e vive perdendo a cabeça. Qualquer macaco, proclamou sem permitir apartes, é incomparavelmente mais sábio do que um santo Tomás de Aquino ou um Descartes por exemplo; e, quanto a falar, basta ouvir o que estamos aqui falando para se chegar à conclusão de que defecamos tanto por cima quanto por baixo, ou muito mais até. Houve protestos unânimes dos presentes e ausentes, mas sem qualquer resultado positivo ou comprovador, pelo menos de imediato. – Rosa, a expedicionária, perguntou se já estava na hora de servir o café, tendo o professor Radamés dito que sim e o presidente dito que não, do que se aproveitou Rosa para de novo cruzar as pernas, mostrando que o presidente era quem tinha razão. – Após coçar a cabeça na altura do cocuruto, o expedicionário Ivo que viu a uva estranhou que, na marcha em que andam as coisas, a antropofagia ainda continuasse sendo condenada pela Igreja e pelos bons costumes, ou pelos maus costumes como em aparte corrigiu o professor Radamés; no seu entender, muito pior do que comer o seu semelhante é fazer com ele o que se vem fazendo desde que o mundo é mundo, sobretudo entre as classes ditas dominantes e cujo domínio é tão incerto quanto os domínios britânicos ou de qualquer outra espécie; e citou o exemplo do gato enfastiado diante do rato, fazendo dele um joguete quando não sente a urgente necessidade de devorá-lo. O presidente lembrou que o exemplo não era muito feliz, a menos que semelhante gato e semelhante rato fossem de gato, digo, de rato, digo, de fato semelhantes – o que aliás poderia perfeitamente acontecer em face dos caprichos ou desmandos da genética, como o prova a existência de homens que são verdadeiros cavalos, ou camelos, ou porcos, ou zebras, para não dizer veados, vermes, papagaios, lesmas, cachorros, Lobo, Coelho, Raposo, Leão, Cordeiro, Carneiro, Pinto, Aranha, Pavão, Leitão, Barata, Sardinha, Falcão etc., etc. O professor Radamés aparteou dizendo que, apesar daquela papagaiada toda da zebra do presidente, achava o exemplo do gato e do rato perfeitamente plausível, com a diferença apenas que o gato não devorava o rato quando se sentia enfastiado, ao passo que o homem mesmo enfastiado devoraria o seu semelhante se tivesse a certeza de que a carne deste era tão boa quanto a carne de vaca ou mesmo de cavalo. Na sua opinião, possivelmente baseada na experiência, o que impede a antropofagia é apenas a má qualidade da carne humana, aliás péssima, e não conceitos ou preconceitos morais e religiosos que nunca evitaram coisíssima alguma em parte nenhuma, como o atestam os tempos de guerra e sobretudo os tempos de paz. Pernacchio confessou já haver comido um macaco que lhe infernara a paciência, não tendo sentido escrúpulos nem antes nem depois de tê-lo comido, muito embora o macaco se chamasse Francisco: apenas uma ligeira indisposição de estômago, por estar Francisco um pouco mal cozido. Como o professor, diante disso, passasse a olhar os circunstantes com um olhar um pouco estranho, o presidente determinou que Rosa fosse providenciar imediatamente o lanche, aproveitando os instantes finais da reunião para ainda uma vez enaltecer o alto espírito subterrâneo do MSPDIDRBOPMDB, que comparou ao dos Cruzados e ao dos Argonautas, e como estes fadado, vitorioso ou não, a um relevante papel na História. Encerrou-se às pressas a inconvenção com o expedicionário Expedito querendo saber se para transpor o Atlântico havia necessidade de um transatlântico, se se pode dizer indistintamente cavalgar um boi ou um cavalo ou um elefante, e qual a verdadeira razão por que o paralelepípedo se chama paralelepípedo – tendo o presidente o mandado à merda.

Século XX

O gato do professor é tão guloso quanto ele mesmo. Fazia tempo que eu não via o gato, e confesso que cheguei até a pensar se tratasse apenas de uma burla, em que pese à nunca desmentida honestidade do dono. Uma coisa é a Bulgarologia e outra é o gato, pensei comigo: sem falar que nunca fui amigo dos gatos, e por mim eles não existiriam pura e simplesmente. Até que...

Acordei para urinar como de hábito, e, enquanto urinava, o pinto mais acordado do que eu, ouvi como em sonho o barulho de alguém forçando a porta de serviço – arranhando, melhor dizendo, como nos tais filmes de pavor. Suspendi a operação, o pinto sem se dar conta do que se passava, agora eu mais acordado do que ele, e lá fomos os dois pisando em ovos até a porta da cozinha, e, atravessando a cozinha, até a porta do quarto de Rosa.

– Sou eu – disse a voz do professor. – Ou melhor, é o gato.

Acendi a luz, e de fato lá estava o professor procurando acalmar o gato com a mão direita, que a outra se confundia com o próprio gato.

– Está com fome e, em vez de me acordar, cismou de vir acordar Rosa. Coisas de gato.

Só então me dei conta de que ainda trazia o pinto na mão, pois me esquecera de guardá-lo – e de que o professor o olhava meio assustado, tanto quanto eu ao gato.

– Pensei que fosse um ladrão.

– E *isso* assusta ladrão? – fez o professor, sempre acariciando o gato.

Tive vontade de dizer que assustava ladrão da espécie do seu gato, mas a hora não era para discussões. Dei as três batidinhas de estilo, embora não houvesse urinado de todo, e guardei o pinto com a dignidade que o momento requeria.

– Se me permite... – e o professor foi abrindo a geladeira com a desenvoltura de um *connoisseur*. Como um assaltante diante de um cofre fácil, não pude deixar de pensar comigo.

O professor retirou leite, um pedaço de torta, queijo e, para espanto meu, um pé de alface que em vão se escondia no fundo da última prateleira. Sem perder tempo passou a servir o gato, que, genioso como todos os gatos, refugava o alimento e o atirava na boca do professor, com uma precisão milimétrica. E assim lutaram professor e gato até que o último resquício da torta desaparecesse na boca do professor, que se mostrava visivelmente contrariado.

– É preciso prender esse gato – eu disse, já me dispondo a voltar para o quarto. – Ou então deixar a comida ao lado dele já de uma vez.

O professor, a boca ainda cheia, nem respondeu, e abaixou-se para deixar o gato no seu canto, bem ao lado da geladeira. *Miau...* – fez em tom de despedida, mas o ingrato se limitou a olhar-nos com um ar ausente.

– Professor – eu disse enquanto voltávamos – precisamos resolver se vamos à Bulgária de bicicleta ou de avião a jato. – E como ele continuasse calado: – Claro que estou brincando, mesmo porque de avião a jato passaríamos pela Bulgária sem vê-la e ficaríamos dando volta à Terra sem nenhum proveito.

– Quanto à bicicleta, só se outro fosse pedalando por mim, pois sofro de varizes.

Ficamos de discutir o assunto o mais breve possível, embora o professor me pareça um espírito afeito mais a especulações metafísicas do que práticas, e sua Bulgarologia ou Bulgarosofia me lembre às vezes a Metapsicobulgarosofia.

Século XX (?) –

Da última reunião participamos apenas Pernacchio, o professor Radamés e eu.

Rosa estava menstruada, Expedito foi a um jogo do Canto do Rio, e Ivo que viu a uva viu realmente uma uva e foi com ela ao circo. Melhor assim porque assim poderemos jogar um pôquer de três, aventou Pernacchio; mas a ideia foi imediatamente repelida.

Para evitar que o professor Radamés desembestasse outra vez pelo tortuoso caminho da História, tomei a palavra e fiz ver aos presentes e ausentes a importância da matéria a ser discutida, pedindo apenas que evitássemos discussões em torno dela. Estando ausente Ivo que viu a uva, a ata do ato seria oral mesmo, com o que não concordou o professor Radamés, que para variar estava de mau humor. Disse que ato sem ata é como pato sem pata, regato sem regata, mato sem mata, e ameaçou abandonar o conclave para ir fazer uma visita a Rosa, que pelo menos tinha as suas regras. Gritei delicadamente que se ele se retirasse por causa de uma simples ata, que afinal não ata nem desata, seu ato seria tomado como um desacato, dele e do seu gato, e não mais haveria o seu prato, no dia imediato, diante do suflê de batata. Este último argumento soou decisivo.

Lembrei que se ali estávamos, e estávamos, era para decidir sobre a melhor forma de irmos ou não irmos à Bulgária, visto como até então só dispúnhamos mesmo dos transportes de nosso entusiasmo, e esses nem sempre eram encontrados na proporção e na frequência desejadas – e olhei de soslaio para o professor. O meio de locomoção, frisei, só poderia ser marítimo, dado que todas as grandes expedições sempre se fizeram por mar, salvo as que se fizeram por terra – acrescendo ainda, no caso da Bulgária, o preconceito milenar de que ela não existe e nunca existiu sobre a face da Terra, o que leva a crer que só possa existir sobre a face de qualquer outra coisa. Citei de passagem a fastidiosa exposição anteriormente feita pelo professor, que de passagem agradeceu o fastidiosa, quando aquele ilustre bulgarólogo observara que a única coisa que não deve ser secreta na Bulgária é a sua polícia secreta, tudo mais sendo secreto e até secretíssimo – tendo o professor, em aparte, respondido que nunca havia dito semelhante coisa, ou se havia dito não havia escutado.

Decidido por unanimidade que a expedição teria que ser marítima, a menos que se provasse que a Bulgária está situada no espaço sideral ou então no próprio *hinterland* brasileiro – hipótese perfeitamente admissível, segundo o professor – discutiu-se sobre o tipo de embarcação mais indicado para a perigosa travessia, ficando excluídos desde logo, por obsoletos, o submarino, o torpedo, o hidravião e a batisfera do prof. Piccard. Pernacchio pendia para que se fretasse logo uma armada de mil navios, ou pelo menos uma frota ou uma flotilha de cem ou dez, inclinando-se porém diante do argumento do professor de que nem a Invencível Armada, que era invencível, conseguira nunca descobrir Bulgária nenhuma, embora a tivessem armado expressamente para esse fim. O problema, observou o professor, não era o tamanho da frota ou do navio, mas o da cabeça que estivesse à testa da travessia ou da travessura: até um náufrago agarrado à sua tábua poderia vir a descobrir a Bulgária, desde que, condição *sine qua non*, a Bulgária lhe aparecesse pela frente. Este último exemplo fez com que se decidisse que o navio seria um só, mesmo porque se faria economia e ao mesmo tempo se evitariam suspeitas de parte das potências ocidentais ou orientais. Se o problema era de economia, então seria melhor que fôssemos logo montados numa tábua, lembrou Pernacchio, que se mostrava ainda um pouco ressabiado; mas sua sugestão não foi sequer ouvida.

Falou-se de galera e de galeão, de fragata, caravela, corveta, *cutter*, *clipper*, buque, piroga, junco, jangada e até mesmo de um *drakkar* dos vikings – hipótese, esta última, logo afastada face à dificuldade de hoje se encontrar não só um *drakkar* como um viking, mesmo com microscópio. Se fosse para sairmos à procura de um *drakkar* ou de um viking, seria então o caso de sairmos logo à procura da Bulgária, nem que fosse a pé – disse o professor Radamés. Mas também essa sua sugestão foi levada à conta de seu péssimo humor.

Pernacchio lembrou que tinha um amigo, o Naves, que fabricava excelentes navios, e depois os metia dentro de excelentes garrafas, para vendê-los a preços módicos. Podia-se encomendar um modelo um pouco maior, e, descontado o preço da garrafa, que no caso não se fazia necessária, a coisa sairia quase de graça e ainda seria entregue a domicílio. Aproveitei o de graça para dizer que a garrafa a gente punha era dentro do navio e não fora dele, mas ninguém, nem eu mesmo, achou graça nenhuma.

Resolvido esse ponto, e como o professor se mostrasse de um humor cada vez pior, suspendemos momentaneamente a sessão para tomar chá com torradas, que eu mesmo preparei para não criar maiores embaraços a Rosa.

....

Reaberta a sessão, com o professor na mais completa euforia, discutiu-se sobre o roteiro da expedição a ser aprovado pelo MSPDIDRBOPMDB. Aproveitando a euforia do professor, e dados os seus profundos conhecimentos de Bulgarologia, propus ficasse a seu cargo a apresentação de um roteiro que satisfizesse a gregos e troianos, mas sobretudo a búlgaros – apenas recomendando que evitasse maiores voos de retórica e procurasse manter os pés em terra firme, pelo menos até a hora de entrar no navio. Para espanto nosso, meu pelo menos, o professor declarou que já tinha o roteiro pronto havia muito tempo, e só não o apresentara antes porque ainda não estava absolutamente convicto de que existisse mesmo a Bulgária. E, metendo a mão no bolso, retirou um papel minúsculo, do tamanho de uma unha se tanto, que colocou sobre a mesa como se estivesse exibindo uma pedra preciosa – como, sem dúvida, estava. Depois, com a mesma naturalidade com que tirara o papel, puxou do bolso uma lupa e pôs-se a examinar detidamente o que por certo estaria escrito no documento, criando sem querer, ou querendo, um suspense que fez parar até as moscas que voltejavam em torno.

O que disse, e o que não disse, pode ser resumido no seguinte, descontadas naturalmente a prolixidade e a natural confusão que existem e existirão sempre em tudo aquilo que saia de sua poderosa cerebração:

– Eu (ele, Radamés) pretendia de início partir de Mar de Espanha, o suntuoso porto de Minas Gerais. Mas como, em lá chegando, constatei que aquilo não era nem nunca fora Espanha, nem tinha qualquer mar à vista, desisti do intento. Assim, partiremos mesmo de Niterói – sem conhecimento dos niteroienses, evidentemente.

De Niterói tomaremos o rumo das Canárias, se é que as Canárias têm um rumo – engolfaremos pelo golfo Pérsico, atingiremos a Mesopotâmia, o mar Egeu, e costearemos ou não costearemos, como preferirem, o litoral da Líbia. Após lançar ferros para um pequeno repouso e uma lauta refeição, zarparemos de novo em direção às quedas de Massassa e, através delas, ao mar de Barents, quando – com espírito puramente turístico – contornaremos a Groenlândia e chegaremos ao planalto tibetano, onde se preciso levaremos o barco às costas, menos eu que sofro de hemorroidas. Após uma copiosa refeição enfrentaremos o monte Erebus, a Tasmânia, a Trácia e, de certo modo, também o Transvaal. De Alexandria rumaremos sem escalas para as ilhas Bermudas, através do Victoria Nyanza ou do Orenoco, à vontade dos expedicionários, sendo que pessoalmente prefiro o Victora Nyanza, que tem a vantagem de chegar até o arquipélago Malaio. Ia-me esquecendo de que nas ilhas Sandwich, apesar de esse trecho da viagem não ter escalas, faremos uma escala por nossa própria conta, para tomarmos um pequeno lanche. Das ilhas Banquetes, digo, Sanduíches, se os ventos o permitirem, sobretudo os de popa – e não falo de peidos – zarparemos para a ilha de Cipango, no Japão, passando por entre as colunas de Hércules e em seguida transpondo o mar dos Sargaços, onde a vista da maré do equinócio e da aurora boreal é magnífica. Por ali há ou havia muitos bancos de areia, nos quais aproveitaremos para descansar um pouco, após haver fundeado naturalmente. Às dez horas do dia seguinte enfrentaremos um terrível furacão, como sempre que se realiza a travessia do Equador – após o que passaremos ao largo de Constantinopla e, verificando que não morreu nenhum tripulante, rumaremos imediatamente para o lago Tanganyika, onde pernoitaremos para comer. Comidos e pernoitados, entraremos no Danúbio, avistaremos a Iugoslávia, a Romênia e tudo mais que se possa ver, e, pondo fogo nas velas do navio para poder enxergar o mar Negro, iremos fazer uma visita ao sultão de Istambul, se é que ainda existe sultão e ainda existe Istambul. Pegando o rio Jequitinhonha, que, diga-se de passagem, nunca passou por Hollywood, velejaremos agora sem as velas na direção onde muito provavelmente deverão estar Araraquara, Pindamonhangaba, Santa Rita de Passa Quatro e Belo Horizonte – o que significa que estaremos a um passo de Niterói e consequentemente de nossas casas. Cumprido esse périplo, se não tivermos avistado nenhuma Bulgária é porque a Bulgária não existe mesmo ou então somos nós que não existimos – e a solução será metermos a viola no saco e o navio dentro da garrafa, não sem antes comermos durante sete dias e sete noites seguidas, para compensar o mau passadio a bordo. O roteiro, após um momento de intensa perplexidade, foi imediatamente aprovado.

Século XX

Expedito fez-me uma pergunta que me calou profundamente.

Se os Estados Unidos existem, disse ele, porque não há de existir a Bulgária?

Século

Minha experiência náutica nunca foi além da banheira.

Em criança soltava barquinhos de papel na sarjeta quando chovia, e às vezes quando não chovia – mas isso não deve ser levado à conta de nenhum tirocínio ou aprendizado propriamente dito, como seria absurdo querer emprestar às minhas experiências com as galinhas uma importância maior no que se refere ao meu futuro trato com as mulheres. Ou talvez deva, não sei.

O que importa é que, segundo o professor Radamés, a descoberta da(s) Bulgária(s) é uma experiência que não tem nada a ver com a experiência: uma experimentação ou tentativa que, quanto menos estribada na realidade, maiores frutos poderá surtir, a menos que a(s) Bulgária(s) não passe(m) de um imenso deserto sem oásis. Ainda mais que, segundo o mesmo professor, estamos procurando não apenas a(s) Bulgária(s) mas os púcaros búlgaros, o que torna o empreendimento extremamente mais difícil.

Difícil ou não, tenho que me valer do que sei e até do que não sei nesta fase de francos preparativos em que finalmente nos encontramos, depois que o MSPDIDRBOPMDB abandonou o terreno das puras elucubrações metafísicas para enveredar pelo labirinto das hipóteses as mais contraditórias – o que equivale a dizer pelo campo da ciência exata e do imperativo categórico. Sem esta atitude ou desatitude mental em que me encontro esta noite, e que se reflete na própria maneira concisa cortante de meu estilo, melhor dizendo de meu estilete, baldados serão todos os esforços no sentido de entrarmos num escafandro ou no que possa vir a ser nosso uniforme de campanha, e de partirmos em direção a todos os horizontes conhecidos ou desconhecidos, segundo o sábio roteiro já traçado e aprovado.

Mas eu dizia que minha experiência ou inexperiência náutica nunca passara do borbulhante mundo da banheira, muito embora já tenha atravessado o Atlântico a quatro ou cinco mil metros de altura, a bordo de um jato que nem por ser jato tinha qualquer coisa a ver com o pélago profundo lá embaixo. (Esse pélago aí está de amargar.)[5] Pior do que eu foi o infante dom Henrique,

---

[5] Tirou-me a palavra da boca. (*Nota do Revisor.*)

que nunca viu o mar nem sequer de cima e nem por isso deixou de ser cognominado *O Navegador* – limitando-se seus conhecimentos náuticos, ao que eu saiba, à tal escola que fundou e nunca frequentou. Aliás, foi o Infante o primeiro infante marítimo que se conhece, precursor não só da infantaria marítima como também da aérea e da submarina – de que resultaram mais tarde as cavalarias de iguais tipos e nomes, cujos expoentes mais conhecidos são o cavalo marinho, o cavalo vapor e o cavalo de batalha sem batalha. Mas vejo que estou querendo fazer Pré-História à maneira do professor, e a fase pré-histórica do MSPDIDRBOPMDB felizmente já passou ou está querendo passar, como o indica pelo menos esta página assim tão terra-a-terra e tão chá, embora margeada, marchetada ou marejada de mar, marujos, marés, marolas, marulhos, maresias, maromas, marombas, maratonas e outras maravilhas.

Século

Pernacchio teve um gesto que define um homem: doou o seu sobretudo ao MSPDIDRBOPMDB. Só que insiste em ir dentro dele.

Ao saber disso, Ivo que viu a uva ficou de doar 0,000001% de seus direitos sobre todos os zeros do Universo aos fundos do M........, que andam realmente fundos. Aproveitando, cobrou-me os 0,999999% do que eu lhe devia deste último mês, não contando o de hoje naturalmente. Perguntou-me cinicamente se a letra "o" não é um disfarce ou uma miniatura do zero, sobretudo se empregada na maiúscula.

Para provar que não, mandei-o tomar no Ó e não no Zero.

Século

Procurou-me o professor Radamés, a metade de uma rapadura na mão, e disse que lhe ocorrera uma hipótese de que nos havíamos esquecido ao discutir sobre a existência da Bulgária na face da Terra, no espaço sideral ou mesmo nas profundezas do oceano: a da Bulgária soterrada.

Assim como existem ou existiram cidades sepultadas por terremotos, vulcões ou simplesmente pela areia dos desertos – e citou, que me lembre, o caso de Pompeia, Ofir, Palmira, Tartessos, Herculano, Lulan, o império dos Citas e dos Incas, a Esfinge e as Pirâmides – pode acontecer que a Bulgária esteja debaixo dos nossos pés sem estar propriamente nos antípodas, dependendo a sua descoberta de uma simples escavação com a pá ou com a picareta, senão mesmo com os dedos. E pôs-se a escavar com o canino esquerdo o bloco de rapadura, não sei se com a esperança de encontrar dentro um pedaço de Bulgária ou se apenas a título de demonstração.

O único perigo, acrescentou, é encontrarmos petróleo, certos cadáveres que não nos interessam, bosta de gato, ovos de tartaruga, batata, minhoca, raízes cúbicas ou quadradas, água mineral, tatu, a rede de esgotos, prisioneiros fugitivos e outras quinquilharias.

Aproveitando a conversa, quis saber quantas mulheres levaríamos conosco além de Rosa; se cada um poderia levar quantas quisesse ou o limite estabelecido seria de apenas seis por cabeça; e finalmente quem custearia as despesas.

Respondi que o limite estabelecido seria exatamente de ZERO, pagando-se se preciso os *royalties* correspondentes a Ivo que viu a uva – e que cada um levaria quando muito a sua bunda, assim mesmo porque ainda não se descobriu um meio de deixá-la em casa.

– Mas que merda é essa?! – quis saber o professor, com bons modos. A rapadura ficou por um momento suspensa entre o polegar e o indicador.

– A merda é que não vai mesmo mulher nenhuma, nem que fosse a sua mãe. – E diante do seu espantoso silêncio ou do seu espanto silencioso: – Colombo não levou nenhuma Colombina para descobrir a América e só por isso a descobriu. Nem Magalhães, que eu saiba. Nem...

– Colombo, Magalhães que eu saiba e os outros, todos eles foram uns cornos. Não tenho nada com a cornice, a cornitude ou cornadura dessa gente! Um deles chamava-se até Cabrão, Cabral, ou coisa mais ou menos parecida. – A rapadura agora se agitava frenética diante do meu nariz, o que me deu uma súbita vontade de comer rapadura. – Recuso-me terminantemente não só a embarcar para a Bulgária como a comer este resto de rapadura, enquanto não for solucionada a questão.

A coisa então parecia séria.

– Já está solucionada a questão – fiz eu, afastando delicadamente a rapadura. – Pensei no assunto demoradamente, inclusive sobre Rosa – e de fato até sobre Rosa havia pensado no assunto.

Um mosquito pousou no nariz de Radamés, e isso em parte veio diminuir a tensão, que se tornara insuportável.

– Resolvi o seguinte: dois pontos. Vai uma cabra para satisfazer as necessidades mais prementes da tripulação, inclusive para os que gostam de leite. Uma cabra e não duas: uma só.

O professor pareceu de repente mais calmo, ou pelo menos já voltara a roer a rapadura.

– E o cheiro da cabra? Não suporto cheiro de cabra.

– Aí é que está o ponto, o segundo dos dois pontos de que falei. – E fiz um pouco de suspense antes de continuar: – Mete-se um pouco de *Odor di Femina* no rabo da cabra e ela fica, sem tirar nem pôr, a... – e citei uma artista de cinema famosa.

Radamés quis saber dos detalhes:

– *Odor di Femina*? De que *femina*?

Expliquei que, quanto a isso, se faria antes um plebiscito, embora eu já houvesse até comprado um perfume que reproduzia exatamente o cheiro da mulata, confiado numa votação esmagadora e total. Era fabricado no Japão, o que não deixava de ser um pouco surpreendente; mas menos surpreendente quando se sabia que o fabricante era um tanto português, qualquer coisa como Yakamoto Ortigão.

Radamés ainda procurou defender com unhas e dentes sujos de rapadura a ida de Rosa pelo menos – nem que fosse apenas, disse, como uma rosa dos ventos. Mas como eu lembrasse que a expressão parecia um tanto ou quanto pejorativa, e ele também achou que parecia, o assunto ficou definitivamente encerrado – até a próxima discussão a respeito.

Século

Expedito, meio lírico:

– *Os* 20.000 *quilômetros que me ligam a Cingapura...*

Alguém lhe deve ter soprado isso; não é possível.

Século

Naves, o dos navios, está em Mato Grosso – onde certamente estará vendendo a sua mercadoria – e assim ficou provisoriamente suspensa a encomenda que lhe íamos fazer. Para não perder tempo, eu e o professor Radamés decidimos, num conclave de dois, relacionar o equipamento mais necessário para a Expedição, que tanto poderá durar cinco dias como cinco séculos, conforme as condições meteorológicas, astronômicas, astrológicas, mnemônicas, psicológicas, pneumônicas, parasitológicas e outras que seria exaustivo enumerar mesmo pela metade.

Tirando-se o que não consta da lista organizada, a lista organizada ficou sendo a seguinte:

Um quadrante. Um sextante. Se possível, um oitante.

Um astrolábio.

Um planetário.

Uma ampulheta.

Tábuas astronômicas da Lua.

Uma sonda de medir profundidade.

Um mapa-múndi (não desses que se vendem em qualquer bazar).

Um telescópio. Um microscópio.

120 escaleres.

Um canhão.

Uma porta de emergência (sobressalente).

Um saxofone.

Uma âncora, de preferência já ancorada.

Uma imagem de São Prepúcio, padroeiro dos bulgarólogos.

Um eletroencefalógrafo.

2.000 quilos de lastro (Livros da Academia, Dicionários, Gramáticas e Gramáticos, Artigos de fundo, Fundistas, Tijolos, Paralelepípedos, Anais do Legislativo, Coletâneas de leis e decretos, Suma Teológica de santo Tomás de Aquino, Livros de Crônicas, Discursos políticos).

Um retrato do Papa, autografado.

Uma agulha mais ou menos magnética.

Um fio de prumo.

Um calidoscópio.

Pequena Biblioteca: Ficção Científica, Folclore, Ocultismo, Magia, Mitologia, Constituições Federais e Estaduais (com as mais recentes emendas), *As Profecias de Nostradamus, O verdadeiro livro de são Cipriano, Manual de equitação sem mestre*, o *Kama Sutra* etc.

Um penico.

200 quilos de vaselina.

600 rolos de papel higiênico.

Um ventilador, com ventos nordeste, alísios, etésios e outros.

Um caixão de defunto (vazio).

Um espelho côncavo e um convexo.

Um adivinho.

Um feiticeiro.

Um curandeiro.

Um paleontólogo.

Um maço de palitos.

Um livro de bordo, de preferência já escrito.

Um telefone.

200 garrafas de uísque, 400 de gim, 200 de vermute, 200 de vodca, 1.000 de cachaça e 1 de guaraná.

Um oligocronômetro.

Uma cuíca.

Um sabonete.

Um desconfiômetro (para o Expedito).

8.000 baralhos.

Um caça-borboletas.

Um pé de *cu-de-cachorro*, ou *cu-de-mulata*, vulgo amarelinha. (Dois, um para o professor Radamés.)

Uma bicicleta.

Um mesolábio e um galactômetro.

Um vidro de hexametilenotetramina.

Um aparelho de clister.

Um estilingue.

Um tubo de comprimidos (bem comprimidos).

Duas caixas de serpentinas.

Um dicionário inglês-búlgaro (e um inglês-búlgara, para o professor).

5 guarda-chuvas.

2 pares de raquetes de tênis.

Uma faixa com o dístico "TODO RACISTA É UM FILHO DA PUTA".

Um aparelho de ar-refrigerado.

Uma escada de subir. Uma escada de descer.

Uma luneta para avistar Bulgárias (último modelo dinamarquês).

Um piano automático.

5 frações da Loteria de Natal.

10 empolas de vacina antirrábica.

Uma pele de tigre da Bengala.

Um cocar de índio.

Uma corda de duas pontas.

Um saca-rolhas.

Uma máscara congolesa.

Uma cabra bem fornida (com pouco uso).

Século

Entreguei a Expedito a lista e um cheque no valor de dois milhões para as primeiras compras, e se possível para as segundas e as terceiras.

– Muito cuidado com a cabra, hein! – recomendei.

– Onde está bem fornida não vá ler bem fodida... E que não cheire demais.

Como ninguém tem estrela na testa, mandei que Rosa fosse com ele – por via das dúvidas.

O ideal seria o professor, mas está com reumatismo por todos os lados, menos na boca e no braço direito: suspirou fundo e disse que preferia esperar pela cabra deitado, como todo amante que se preza. Pelo visto será sua primeira aventura com uma cabra.

Ivo que viu a uva depois que viu a uva se tornou quase invisível. *É um pão!*, vive a repetir quando se digna de dar o ar de sua graça. *É um pão!* O professor acha que encontrar uma mulher que além da bunda ainda seja um pão é o máximo: rói-se de inveja.

Pernacchio inclinou-se para apanhar um lápis no chão e quase foi parar no apartamento de baixo. Foi de ponta-cabeça e por pouco não fraturou o crânio; erro de cálculo sem dúvida. Bastava-lhe ter estendido a mão.

Depois que se decidiu que a coisa sai, nota-se um clima de grande expectativa até nos móveis e nas paredes: come-se Bulgária, respira-se Bulgária, bulgariza-se em suma – menos o professor, que prefere comer e respirar coisas mais palpáveis, enquanto não vem a cabra. Eu, de minha parte, confesso-me como que uma criança à qual enfim vão dar o brinquedo proibido e desejado – só que antes não acreditava nele e temia um dia vir a acreditar. Estou em lua de mel com o fantasma (feminino) da Bulgária, como Ivo que viu a uva com o seu pão e o professor com a sua (nossa) cabra.

E Pernacchio com o seu galo no cocuruto, ia-me esquecendo.

– ?
_____

??????????????????[6]

Outubro, 27

ESPANTOSA FUGA DE EXPEDITO E ROSA.

O filho da puta e a puta que o pariu desapareceram com o dinheiro do MSPDID... *MERDA!* e a esta hora devem estar se rindo à minha custa – rindo-se e fodendo, o que é pior.

_____

[6] – ? (*Nota do Linotipista.*)

Só hoje, passadas 36 horas, dei com o bilhete de Rosa dentro do penico, a merda do bilhete, com aquela sua caligrafia de puta e analfabeta: *Me desculpa; vou com o Expedito.* Ainda usou ponto e vírgula, a cadela! O professor a princípio se riu muito, chegou a engasgar com o bolo de fubá de tanto rir: *Estava na cara!* Depois se lembrou da cabra, sentiu-se também um pouco roubado, e soltou um palavrão que me deixou até sem jeito. Em matéria de interjeições nossa língua é bem servida.

Era por isso então que o filho da puta se sentia ligado à Cingapura que o pariu, e andava ultimamente meio arredio, com um ar assim de poeta de mil novecentos e tantos – poeta de dois milhões, e não deixava por menos.

E eu ainda o mandando comprar um desconfiômetro para ele mesmo! – quando quem devia estar com um desconfiômetro enfiado no cu era aqui o palhaço desta besta, corno ainda por cima, dando dinheiro a Rosa para ver os *Homens de Marte* e pegar nos colhões do miserável.

Dar queixa à polícia é como dar queixa ao bispo, e eu ainda passo por mais imbecil do que sou; eu teria que falar no bilhete do penico, no movimento secreto e subterrâneo para descobrir nada menos que a Bulgária, no que Rosa represent*ava* para mim em cima e fora da cama – *representava* é bem o termo – e até mesmo nos púcaros búlgaros. O mínimo que a polícia e a própria Interpool fariam seria me mandar à puta que me(as) pariu.

Seja o que o Diabo quiser.

Outubro, 27 (ainda)

Como se não bastasse o golpe sofrido pelo M............B, e já não digo por mim, Ivo que viu a uva veio dizer que ele sentia muito e etcétera e tal mas que ia mesmo era amigar com a tal uva que era um pão, e que à vista das circunstâncias, o senhor compreende, e patati e patatá, mais isso e mais aquilo, deixava para descobrir ou não descobrir a Bulgária em qualquer outra ocasião, mesmo porque já ficara tanto tempo sem descobri-la que acabara se acostumando. E, como se sentisse a consciência bastante pesada, devolveu-me uma importância que disse eu haver pago a mais pelos zeros usados em 1948 e 1949, de que eu já nem me lembrava mais.

E, um minuto depois, como se estivesse apenas esperando a vez atrás da porta, o professor Radamés com o gato chega e solta a revelação estarrecedora: SOU UM BÚLGARO. OU MELHOR, SOMOS UNS BÚLGAROS, EU E MEU GATO.

– Como?!

– Somos dois búlgaros.

O gato não fazia sim e nem não, pelo que parecia estar conivente com a patranha, ou então com o fim da patranha. Pela primeira vez eu via o professor sem estar comendo, e isso me fez perceber a extrema gravidade do momento.

– Sou um búlgaro e peço que me desculpe por isso. Não exatamente pelo fato de ser um búlgaro, mas por ter ocultado que o fosse durante todo esse tempo – e tão bem que eu mesmo acabei duvidando de que o tivesse sido.

A frase era um pouco castiça para o momento, mas partindo de um búlgaro nada tinha de extraordinário e era antes uma prova de autenticidade e da sinceridade do seu autor. Talvez fosse mesmo o seu ranço quinhentista que me convenceu de que eu estava realmente, pela primeira ou pela última vez, diante de um búlgaro.

– Vossa Excelência, um búlgaro!

Disse Vossa Excelência como poderia ter dito Vossa Alteza ou Vossa Santidade: sem querer. Afinal de contas não é todos os dias que se está diante de um búlgaro autêntico, e com um gato búlgaro nos braços ainda por cima.

– O senhor, um búlgaro!

Não fosse exagero e eu diria que se tratava de um momento histórico; só faltava para completá-lo um púcaro búlgaro entre as patas do gato ou sobre a cabeça do professor – dando maior bulgaricidade à cena.

– O professor, um búlgaro!

Devo ter repetido uma infinidade de vezes a mesma coisa, pois o relógio bateu as seis horas e eu ainda estava ali de pé diante do professor, sem encontrar outras palavras que expressassem melhor o meu espanto e também o meu respeito – minha admiração e minha admiração, para ser mais explícito.

Quando, enfim, no lusco-fusco que já ia tomando conta da sala, as coisas se tornaram perfeitamente claras e já não havia dúvida de que a Bulgária acabara vindo até mim uma vez que eu não pudera ir até ela, pedi com o maior respeito que o professor e seu gato se acomodassem na melhor poltrona e, uma vez todos acomodados, aguardei que, no melhor estilo quinhentista, ambos ou o professor me pusessem ou me pusesse a par de tudo que se relacionasse com a Bulgária em todos os tempos e em todos os espaços.

Mas, para espanto meu e presumo que também do gato, Radamés Stepanovicinsky, ex-natural de Quixeramobim no Ceará, rei dos búlgaros ou pelo menos rei dos gastrônomos búlgaros, limitou-se a dizer o seguinte:

— Eu queria comer a Rosa, que conhecia de vista desde muito tempo, e por isso inventei aquela história toda. Uma vez que não a comi, que não a pude comer, que outro a comeu que não eu, e acredito tenha sido um dos poucos que não a comeram — não havia mais razão nenhuma para continuar fingindo que não era búlgaro, quando é muito mais fácil fingir que se é búlgaro, coisa que até hoje ninguém conseguiu provar se é ou se não é, se foi ou se não foi, se será ou se não será. E, mudando de assunto, onde é mesmo que vamos jantar hoje?

A Partida

(APESAR DOS PESARES)

PERNACCHIO – Quantas?

RADAMÉS – Me dê duas. Bem baixas, porém altas.

EU – Me dê uma. E mesa.

PERNACCHIO – Espera a vez, porra! Eu quero três.

O RELÓGIO – Tic-tac, tic-tac, tic-tac, tic-tac...

EU – Mesa, já dei.

PERNACCHIO – (*Assobiando a protofonia do* Guarani...)

RADAMÉS – Por falar em já dei, como irá indo a Rosa? Aquilo é que eram panquecas!

PERNACCHIO – Também mesa.

RADAMÉS – Aposto duzentos. Pensando bem, até que Rosa não era lá essas coisas. Senti mais ter perdido a cabra.

EU – Vamos mudar de assunto?... Não vejo.

PERNACCHIO – Duzentos? Então ponha as fichas.

RADAMÉS – (*pondo metade das fichas*) Cem. Duzentos.

PERNACCHIO – O professor está precisando trocar os óculos.

RADAMÉS – ... Oitenta. Noventa... Fico devendo.

PERNACCHIO – Pago.

RADAMÉS – Leva.

PERNACCHIO – (*leva.*)

EU – Professor, como se explica que, sendo búlgaro, o sr. fale o português tão bem?

O RELÓGIO – Tic-tac, tic-tac, tic-tac, tic-tac...

RADAMÉS – Tinha um vizinho nosso que era natural do Ceará. E não só era natural do Ceará como frequentava muito lá em casa.

PERNACCHIO – Antes ou depois que o professor nasceu?

RADAMÉS – Se em Pisa são os vizinhos que fazem os filhos, a senhora sua mãe deve ter sentido uma inclinação muito forte por todos os vizinhos da esquerda.

EU – Senhores: por favor!

O RELÓGIO (*passando de 10h20min para 11h42min*) – Tic-tac, tic-tac, tic-tac...

RADAMÉS – Quando eu cheguei, o defunto ainda nem estava compenetrado. Tinha ainda um ar de funcionário público, e só faltou me pedir os documentos. Mas os documentos eu apresentei depois à viúva, que aliás já os conhecia antes.

EU – Me dê duas.

PERNACCHIO – E descobriram o assassino?

RADAMÉS – Se descobriram, não sei. Eu pelo menos nunca fui molestado.

PERNACCHIO – O sr. então era o assassino? Quero uma.

RADAMÉS – Quero duas. Não digo que fosse o assassino, mesmo porque nunca o descobriram, que eu saiba. E como poderia ser uma coisa que nem sequer ainda foi descoberta?

EU – Aposto cem. A Bulgária ainda não foi descoberta e o sr. é um búlgaro. E, se pode ser um búlgaro, não vejo por que não pudesse ser um assassino búlgaro.

PERNACCHIO – Quantas pediu?

EU – Duas.

RADAMÉS – Mas, se eu fosse o assassino, eu saberia. Como sei que sou búlgaro ou que pelo menos nasci na Bulgária. (*A Pernacchio*) O senhor vai pagar? – E, depois, como eu poderia ser o assassino se nunca matei ninguém?

PERNACCHIO – Pago. Mas de que, afinal de contas, morreu o defunto?

RADAMÉS – Atropelado por um ônibus, segundo noticiaram os jornais. Não pago.

PERNACCHIO – Mas então por que o sr. disse que não era o assassino e que não haviam descoberto o assassino?

RADAMÉS – Quem falou em assassino foi o senhor. E se não foi descoberto é porque naturalmente não havia assassino nenhum.

O RELÓGIO (*passando das 11h50min para as duas*) – Tic-tac, tic-tac, tic-tac...

RADAMÉS – Eu sempre desejei conhecer a Bulgária.

PERNACCHIO, EU – Mas o sr. não é búlgaro?!

RADAMÉS – Saí de lá muito criança, meses apenas. Me dê três. O tal cearense conseguiu convencer meu pai de que o Ceará existia mesmo, e meu pai organizou a primeira expedição búlgara para descobrir o Ceará.

EU – Me dê uma. E descobriu?

RADAMÉS – Se descobriu, não sei. O fato incontestável é que moramos em Quixeramobim e em Quixadá durante quarenta anos. O que não deixa de ser uma prova de peso.

PERNACCHIO – Vou pedir uma. Então quer dizer que o Ceará também existe?

RADAMÉS – Sou eu quem fala? – Que diabo, se nem o Ceará nem a Bulgária existem, então eu fico mesmo num mato sem cachorro. Bato mesa. Mas como dizem que quem não tem cão caça com gato, eu pelo menos tenho o meu gato para caçar um jeito de sair dessa enrascada.

EU – Mesa, também. O diabo é que o seu gato não é de nada, professor. E ele, pelo menos, nasceu em algum lugar?

RADAMÉS – Presumo que no cu da gata, para não dizer pior. Quanto a não ser de nada, só por causa do seu ar ausente, digo que Deus é o rei dos ausentes e nem por isso você é capaz de dizer que ele não exista.

EU – Existe tanto quanto o Ceará ou a sua Bulgária.

PERNACCHIO – O que não quer dizer absolutamente nada. Bato.

SOBRE O AUTOR

Filho do comerciante Jonas Carvalho e de Floriscena Cunha Campos Carvalho, Walter Campos de Carvalho nasceu em Uberaba, a 1º de novembro de 1916. Foi o caçula de uma família de seis irmãos. Ingressou na Faculdade de Direito do Largo de São Francisco, em São Paulo, em 1933, bacharelando-se em 1938. Logo depois, entrou para a Procuradoria Geral do Estado, onde permaneceu até a aposentadoria, aos 53 anos. Na faculdade, aproximou-se do movimento anarquista e colaborou, em meados da década de 1930, no periódico *A Plebe*. A esse tempo, escreveu também no diário uberabense *Lavoura & Comércio*. No início dos anos 1950, o trabalho levou-o a deixar a capital paulista, e estabeleceu-se com a esposa, Lygia Rosa de Carvalho, no Rio de Janeiro. Somente retornou a São Paulo no final dos anos 1980.

O rompimento com a tradição religiosa familiar católica ainda aos dezesseis anos foi um fato marcante na vida de Campos de Carvalho. O ateísmo e a aversão aos dogmas e às doutrinas das religiões acompanharam-no desde cedo e foram motivos constantes em sua obra. Também as mortes de dois irmãos mais velhos lhe causaram profundo impacto: Geraldo, em 1936, e Jonas, em 1952. Em 1963, numa entrevista ao *Correio da Manhã*, atribuiu a amargura de *A chuva imóvel* ao desaparecimento de um irmão; possivelmente referia-se a Jonas, o Jonitas, a cuja memória dedicara *Tribo*.

Banda forra, seu primeiro livro, é de 1941. Em 1952 escreveu *Tribo*, publicado em 1954, mesmo ano da morte do pai. Sua projeção no cenário da literatura nacional se deu, entretanto, com *A lua vem da Ásia*, em 1956; uma obra de estilo inusual (para alguns, uma transformação radical dentro do panorama literário de então), que angariou simpatias e também muita restrição. Depois, publicou *Vaca de nariz sutil* (1961) e *A chuva imóvel* (1963). Seu livro predileto, *O púcaro búlgaro*, veio em 1964. Em 1965, numa antologia temática da editora Civilização Brasileira, foi publicado o *Espantalho habitado de pássaros*, seu último texto inédito a circular em livro.

Em 1971, Campos de Carvalho e Lygia viajaram à Europa, numa excursão sem destino prévio. Ao retornar ao Brasil, o casal passou a residir em Copacabana e, algum tempo depois, refugiou-se em Petrópolis. A contribuição do escritor n'*O Pasquim* data desse período. Com o declínio do jornal, veio o silêncio, que duraria mais de duas décadas. O escritor somente voltou à cena quando a José Olympio reeditou seus principais livros numa *Obra reunida de Campos de Carvalho*, em 1995.

Campos de Carvalho, que se reconhecia como escritor somente nas quatro novelas que publicou entre 1956 e 1964, morreu em São Paulo, no dia 10 de abril de 1998.

Este livro foi composto com tipografia Bembo e impresso
em papel Off-White 90 g/m² na Formato Artes Gráficas.